JN440579

26&62

26&62
나순자 지음

초판 인쇄 | 2013년 3월 25일
초판 발행 | 2013년 3월 30일

지은이 | 나순자
펴낸이 | 신현운
펴는곳 | 연인M&B
기　획 | 여인화
디자인 | 이희정
마케팅 | 박한동
등　록 | 2000년 3월 7일 제2-3037호
주　소 | 143-874 서울특별시 광진구 자양로 56(자양동 680-25) 2층
전　화 | (02)455-3987　팩스 | (02)3437-5975
홈주소 | www.yeoninmb.co.kr
이메일 | yeonin7@hanmail.net

값 13,000원

ISBN 978-89-6253-131-2 03810

62세 청춘 시인의 미국 연수기

26&62

나순자 지음

연인M&B

| 여는 글 |

너무 늦었어…….

이 나이에…….

이런 말이나 생각은 나에게 아무런 방해가 되지 않았다.

따뜻한 가족과 친구를 잠시 두고 먼 길을 택하는 게 쉽지는 않았지만 어렵지만도 않았다. 하고 싶은 일을 하고 싶었기에.

나의 경험으로는 산에 오르면 또 다른 산이 보였다.

도자기 개인전을 한 것이 첫 산행이었다면 그 산 위에서 詩라는 다른 산을 보았다.

올라가야만 보이는 다른 세상

한 번의 섬광은 내 안에 엎드린 어둠의 깊이를 보게 해 주었다.

잠자고 있는 다른 어둠을 보여 주었다.

飛— 날고 싶은 갈망

천천히 여유 있게 날기 위해 나는 서툰 비행을 감행했다.

날고 싶은 누군가의 열망에 용기를 준다면 더없이 고맙겠다.

2013년 봄날

나순자

차례

제1부

떠나기 전

침묵Ⅱ-바람과 구름
(29×16×37)

나는야 간다

제기랄! 교감 발령이 났단다.

날려면 진작이나 날 것이지 이제야 빛바랜 소식이라니!

그간 주변의 걱정과는 달리 엎어진 김에 쉬어 가느라 도자기 개인전도 하고 문학에 빠져 시를 쓰고 시집도 냈다.

올인(All in)해도 쉽지 않을 일을 이것저것 하느라 바쁘고 힘들었지만 먼 길을 가다 보면 개울도 만나고 숲도 만나고 꽃도 보게 되는 것.

승진은 나의 길 위에서 만나게 된 새로운 간이역일 뿐 종착역은 아니었다.

교육 경영은 교육 현장과는 달랐다.

교육의 꽃은 역시 아이들과 함께 있는 교육 현장이었다.

교육은 철학 없이는 김이 빠지고 과학 없이는 맥이 빠지며 예술 없이는 맛이 빠지는 일이다. 사람을 기르는 일! 얼마나 재미있고 어렵고 신기한 일인데 매일 서류와 공문 속에 해가 뜨고 해가 지는 생활로 하루를 보내다니!

이렇게 무미건조한 생활은 삶의 낭비란 생각이 들었다.

정년을 2년 남긴 봄, 기어이 명예퇴직을 했다.

기다림 뒤의 발령이라 축하 떡이 몇 달간 이어졌는데 떡값도 못하고 그만두는 것 같아 고마움이 죄송함으로 변했다.

1년간 함께 근무한 선생님들께 발령 받은 지 한 달 만에 미리 써 놓은 송별 인사를 메신저로 띄웠다.

생각보다 많은 분들의 따뜻한 마음을 읽을 땐 가슴이 아리면서도 훈훈했다.

잠시 머물렀던 자리지만 아름다운 인연이었다.

역시 드는 정(情)은 몰라도 나는 정은 알겠구나!

조용히 생각해 보았다.

편안한 집과 다정한 가족을 두고 이 나이에 낯선 땅에서 사서 하는 고생을 각오하며 나를 여기까지 몰고 온 건 무엇이었을까?

그건 '꿈' 이었다.

살아오면서 꿈이 작아질까 봐, 꿈이 미지근해질까 봐 걱정했었다.

사람에겐 나이가 있지만 꿈엔 나이가 없다. 오히려 꿈꾸기를 멈출 때 사람은 늙는다지 않는가.

사람에게, 아니 나에게 꿈꿀 권리가 있다는 건 얼마나 고마운 일인가!

미국 생활 1년을 투자해서 앞으로 남은 10년이 행복할 꿈을 꾸느라 건조한 교감 생활도 행복했다.

선생님들께!

그동안 감사했어요.

저는 선생님들의 사랑을 뒤로하고 떠나게 되었습니다.

그동안 즐거웠고 좋은 분들을 만나서 참 고마웠습니다.

부족한 저를 마음으로 받아 주시고 친절히 대해 주셔서 감사드립니다.

길지 않은 기간이었지만 제게 소중한 경험을 안겨 주신 선생님들을 오래 잊지 못할 것입니다.

교감 생활은 제게 좋은 경험이었고 나름대로 의미가 있었습니다.

발령을 받을 때 생각했어요. 열심히 하면서 인성과 실력을 갖춘 사람으로 아이들과 선생님들을 위해 일할 거라고…….

더 오래 머물면서 여러분을 도와드리지 못해 정말 죄송합니다.

학교생활이 싫어서가 아니고 제겐 꼭 이루고 싶은 꿈이 있어서 아직 건강이 있고 의욕이 있을 때 새로운 삶을 찾기 위해 학교를 떠나려 합니다.

저는 그동안 꿈꾸어 왔던 어학연수를 떠납니다.

말이 어학연수이지 무슨 자격증을 따서 새로운 직장을 구할 것도 아니고 지금보다 영어를 더 잘하지 못해도 상관없는 세상 공부를 하러 갑니다.

40년을 교직에서 열심히 일했으니 1년 정도는 오롯이 나를 위해 살고 싶어 저질러 보는 일탈이라고 생각하면서요.

편안한 집과 다정한 가족을 두고 이 나이에 낯선 땅에서 사서 고생을 하다니!

그러나 인생은 사서 하는 고생에 행복과 묘미가 있는 게 아닐까요?

떠나면서 마음에 걸리는 것은 능력과 재능이 많은 후배 선생님에게 제대로 선배 노릇을 하지 못하고 떠나는 것이 미안할 따름입니다.

많은 능력을 갖추고 계신 선생님!

새로움에 도전하고 희망을 가꾸는데 시간을 아끼지 말라는 말씀을 드리고 싶네요. 노력하는 사람을 이기는 천재가 없고 즐기는 사람을 이기는 노력가가 없다고 합니다. 즐겁게 학교생활하세요!

혼(魂)이 있는 교육 활동으로 아이들도 키우고 자신도 크면서 풍부한 삶을 사시길 바랍니다.

저 역시 학교에 있으면서 대학원엘 갔고, 도자기를 했고, 글을 썼습니다.

학교가 좋은 것은 하고자 하는 사람에게는 열려 있는 곳이기 때문입니다.

여지껏 학교 울타리 속에서 착한 선생님들하고만 살다가 막상 학교 문밖을 나가려고 하니 두려운 마음도 없지 않답니다.

그러나 사람 사는 곳은 어디나 비슷하겠지요.

학교생활을 바탕으로 좋은 사람, 좋은 일들을 만나리라 기대합니다.

그동안 고마웠고 행복했습니다.

안녕히 계세요!

퇴임

화합하되 휩쓸리지 않고 너그럽되 느슨하지 않는 모습으로 남에게 도움이 되는 선배가 되려 했는데 벌써…….

가족 대신 제자와 후배들만 초대한 조촐한 퇴임식을 했다.

50살이 다 된 첫 제자가 뭔가를 써서 읽을 땐 뭉클하여 눈물을 참느라 애썼다.

앞에 앉아서 나의 분신과도 같은 제자들, 나를 행복하게 해 준 후배들, 사랑하는 작업 동료들을 보면서 고마운 마음을 가슴에 새겼다.

교직은 대부분 시작하면 끝까지 가는 게 보통이지만 나는 너무나 가보고 싶은 곳이 있어 종착역을 눈앞에 두고 잠시 내린다고 했다.

지금도 확실하게 말할 수 있는 것은 싫어서가 아니고 뜻이 있어 떠나는 것이기에 인생의 선배답게 좋은 모습으로 물러나고 나이 들고 싶다.

아침 해돋이가 아름답듯 일몰의 풍경도 아름답지 않은가!

인생은 도전하는 자의 것이고 누리는 자의 몫이기에 나는 떠나려 한다.

많은 격려와 선물을 받은 오늘, 나 자신에게도 선물을 하고 싶었다.

그래서 오래전부터 맘먹었던 장기기증을 했다.

이 먼 길을 잘 달려와 준 자신에게 주는 고마움의 표시라 생각하면서.

마음 다지기

나의 부푼 계획이 남편 덕에 무르익어서 고마울 때가 있지만 바로 그 땜에 깨지는 게 아닌가 하여 조바심 날 때도 있다.

오늘이 그런 날.

실컷 같이 간다더니,

"앞으로 일 년이나 남았는데 지금 어떻게 장담을 한담?"

아이고! 누가 겁낼 줄 알고?

하지만 사실 겁난다. 엄청 겁난다.

꿈을 실현하는 것도 좋지만 남의 나라 낯선 곳에서 맨날 혼자서 잔다는 건 내겐 너무 가혹한 일이다.

원래 겁이 많은 나의 약점을 알고 이러는 거 아냐?

혹시 혼자 간다면 계획을 다시 원점에서 생각해 봐야 할 것 같은데 어쩌나…….

그런 걱정을 한 방에 해결해 준 아들은 역시 훌륭한 해결사!

"엄마! 뭘 걱정하세요? 초등학교 아이들도 혼자 가는데 엄마가 뭘 무서워하세요?"

"그래, 맞아! 내 나이가 몇인데, 내가 뭘 무서워해? 초등학생도 가는데……."

간단히 답을 얻었다.

"그래, 덤벼 봐! 난 혼자서도 갈 수 있다구! 하하."

오늘은 첫 학기가 시작되는 날. 작년 오늘을 회상해 본다.

차려입은 정장에 긴장된 부임 인사~~으윽~~

그러나 오늘부터는 자유다!

평범하지만 너무 하고 싶었던 늦잠!

자유로운 눈뜸이다.

밤늦도록 이것저것 뒤적이다 아침 햇살을 피해 고개를 이리저리 돌리며 자는 늦잠의 달콤함이라니!

삶의, 직장의 분진을 다 빼내기엔 아직 많은 시간이 걸리겠지만 우선 늦잠부터…….^^

바로 이 맛!

3월, 바람의 촉감이 달콤한 날.

대낮에 박물관 마당을 거니는 맛이 이것이었네!

10년 전 선배와 함께 갔던 실크로드 둔황의 기억을 더듬으며 국립박물관에서 하는 '둔황전'을 보았다.

다시 보는 타클라마칸 사막의 쓸쓸함.

많은 발자국들을 씻어 내고 밤새 새 산(山)을 잉태하느라 잉잉대며 모래 울음 울던 명사산.

한동안 내 가슴에서 일렁였던 그 바람.

놀던 아이 그대로, 꼬꼬닭 그대로 멈춰 선 사막의 도시 누란.

과연 문명은 전진만 하는 것일까?

회의를 느끼게 하던 미이라 박물관의 화려한 의상과 염색과 문양들!

많은 것들이 새로웠다.

여가가 준 선물! 고마워라.

둔황을 회상하며 읽어 보았다.

바람이 키운 산

타클라마칸의 바람
명사산(鳴砂山)의 모래를 깨운다

사막에서 깊을 대로 깊어진 바람이
잠들지 않은 명사산의 밤을 보챈다

살아서는 돌아갈 수 없다는 땅, 타클라마칸의 바람이
명사산을 키운다
모래 속에 뜨거운 늪을 만든다
식지 않는 심장을 키운다

오늘 듣는 저 바람 소리는
그날의 뜨거운 늪이 내 속에 들어와
몸부림치는 소리일지도 모른다

명사산의 모래를 깨워 울게 하고,
다시 그 모래 제자리에 갖다 놓는 타클라마칸의 바람이
오늘 나를 또 하나의 산으로 키운다.

마실

1

퇴임 후 첫 나들이로 시댁에 갔다.

집안 행사 때마다 퇴근하고 내려가서는 부리나케 올라오던 것을 생각하면서 여유 부리며 동백섬과 해운대 바닷가를 거닐었다.

학교는 지금 얼마나 바쁠 텐데…….

그러나 열심히 일한 만큼, 이제부터는 쉬는 것도 내겐 일이다.

2

말이 어학연수이지 세상 공부를 하러 가는 연수!

40년을 교직에서 열심히 일했으니 1년 정도는 오롯이 나를 위해 살고 싶어 저질러 보는 일탈이라고 했지만 그래도 막상 떠난다고 하니 여기저기서 문제들이 보이고 우선 짧은 영어 실력 때문에 막막함이 앞선다. 문 열고 나가면 모두가 키 크고 코 큰 낯선 사람들일 텐데 그때 무슨 말을 어떻게 해야 할지 상황들을 그려 보니 더 막막하다.

인터넷을 뒤져 강사 평을 보아 가며 유학, 어학연수반을 찾아 우선 청강 신청을 했다.

열두세 명 젊은이들이 머리를 박고(이이들도 어지간히 급했나 보다) 쳐다보지도 않는다. 유명 강사답게 강의가 명료하고 좋았지만 원어민 대화를 듣고 받아쓰기, 전날 숙제한 것 질문에 답하기 등 시간 내내 바짝 긴장하게 만들었고 내 귀엔 반(半)도 안 들렸다.

수업이 끝나고 강사가 다가와, "어떠세요? 어학연수 가세요?" 하더니 "대단하세요! 멋있어요!" 한다.

'그럼 어학연수반에 연수 갈 사람이 오지, 아니면 왜 왔겠어?'

집에 와서 인터넷으로 수강 신청을 하니 몇 천 원 싸네!

몇 달 안 남았지만 빡세게 한번 해 보지 뭐!

3

오늘부터 Coex(Convention & Exhibition)에서 한다는 유학박람회에 갔다.

문 열자마자 벌써 많은 사람들이 와서 장사진을 치고 있었다. 주로 대학생이거나 초등학생을 동반한 학부모들이었다.

신청서를 쓰고 출입증을 목에 걸고 필요한 곳에 가서 상담 신청을 하니, "자녀분이 가시게요?" 한다.

"아니요? 제가 갈 거예요."

모두 놀란다.

이러기를 서너 차례. 가는 곳마다 똑같은 질문이다.

그래도 발품을 판 덕에 많은 정보를 얻었다.

우선 대학 부설 어학원이 좋은지 사설 어학원이 좋은지. 그리고 학비는 얼마나 드는지, 생활비는? 집 Rent는? 차(Car)는? 대사관 인터뷰 때 주의할 점은? 환전과 송금은? 등을 세세히 알아보고 그중 가장 마음이 끌리는 곳에 가서 가계약을 했다.

나야 갈 곳이 정해져 있으니 쉽게 진행이 되고 어찌 보면 굳이 유학원을 통하지 않아도 되겠지만, 그래도 일 진행상 사소한 문제나 연락이 필요할 때를 대비하여 국내 의뢰인으로 생각하고 유학원을 통해서 진행하기로 했다.

다 돈 받은 만큼 일을 하겠지!

다행히 상담해 주신 분이 미국서 15년을 살았고, 애리조나(Arizona)에도 2년이나 있었다니 이것저것 도움이 많이 될 것 같다.

지금 온 사람들은 주로 9월 학기에 갈 사람들인데 나는 6월이니 좀 바쁘겠지만 별 문제는 없을 것 같다.

그래도 나이가 나이인지라 혹시 미국에 머물러 살까 봐 인터뷰할 때 대사관에서 신경을 쓸 거라 했다.

'별 걱정! 입과 귀 좀 틔워서 여기저기 돌아다니려고 공부하러 가는데 이 좋은 우리나라를 두고 거기서 왜 살아?

2시간을 넘게 돌아다녔더니 발바닥이 얼얼하였지만 소득도 있었고 '아! 내가 가긴 가는구나.' 슬슬 실감이 났다.

4

벌써 3월의 마지막 날.

날짜 가는 게 화살처럼 빠르네!

예약한 유학원에 갔다.

종각에서 종로3가까지 걸어가는데 그렇게 유학원이 많은 줄 처음 알았다. 찾아간 곳은 규모가 큰지 가는 길에 지점도 있었다.

한번 본 얼굴이라 반가웠고 역시 프로답게 이것저것 잘 설명해 주었는데 내가 갈 지역이 애리조나로 정해졌기 때문에 학교 정하기는 쉬웠지만, 그리 큰 곳이 아니어서 사설 어학원이 없다고 했다.

설명을 들어 보니 가까이 있다는 Community College보다 State University가 좋겠다는 생각을 하고 이것저것 궁금한 것들을 알아보았다.

1. 학교는 어떻게 등록하고 비용은 어느 정도인지?
2. One bed room의 가격은 얼마쯤이고 계약 기간이 얼마 동안인가? (거긴 우리처럼 몇 평으로 알아보는 게 아니고 One bed, Two bed로 나눈다네!)
3. 차는 새 차를 살지 중고차를 살지에 따라 다르겠지만, 여기다 쓰지도 않을 차를 세워 두고 세금 내느니 팔고 가서 거기서 새 차를 사기로 했다. 면허증은 당분간은 여기서 가지고 간 국제면허증을 사용하다가 바로 미국서 운전면허증을 따기로 했다.(국제면허증은 운전면허증 가지고 면허시험장에 가서 인지대 7,000원 내니 바로 받을 수 있었다)
4. 그 밖에 보험료, 항공료 등을 알아보고 인터뷰 때의 유의점을 들었다.
5. 인터뷰는 내가 갈 학교에서 입학허가서를 받은 뒤 이루어지는데 유학원 수수료가 만만치 않지만 학교 선정에서 홈스테이(Home

stay)나 기숙사 선정, 기타 비용, 대사관 인터뷰 준비, 이런 일을 하느라 유학원이 필요한 것이었구나 싶었다.

갖고 있는 통장의 영문 잔고 증명서와 다니던 직장의 경력 증명서, 가족관계 증명서, 최근 3년 동안의 소득금액 증명서, 두 귀가 잘 보이는 비자용 사진 등을 잘 준비하여 두었다. 우리는 붙잡아도 미국에 더 있지 않을 거라는 것을 확실하게 증명해야 하니까!

이제부터는 영어 학원에 다니면서 입이라도 뗄 수 있게 준비하는 일만 남았구나!

남편은 영어 학원도 스트레스 받는다고 안 가고 집에서 독학을 하겠다니 나로서는 그 배짱이 오히려 부럽다.

학원가 산책

기다리던 개강일에 맞추어 영어 학원엘 갔다.

옛날, 출근 전 새벽반에 혹은 퇴근 후에 바쁘게 다니던 생각을 떠올리니 여유 부리며 학원 가는 것도 아주 행복했다.

대낮에도 학원에 이렇게 사람이 많은 것에도 놀랐다.

우리나라 영어 학원의 강사나 수강생 수를 생각해 보면 너무나 거대한 시장인 것 같다. 그래도 이런 유명한 학원에서 강의하는 강사들은 이 길로 당당히 성공한 사람들이다. 나름대로 자신감과 노하우(Know-how)를 갖고 있었고 패기만만한 의욕도 보였다.

대단한 젊은이들이라 생각되었다.(보수도 학교 선생님들과는 비교가 안 되겠지?)

저 강사들도 영어를 이만큼 하기까지 얼마나 고생을 하였을까?

외국 나가 있는 친구 미숙 씨가 생각났다. 그녀도 처음엔 힘들었을 텐데 어느새 제2, 제3 외국어까지 배우고 있단다.

참 대단한 사람들이 주변에 많은 것 같다.

영어 내용을 읽고 녹음하여 파일로 보내고 발음을 첨삭 지도 받고…….

중학교 때 영어 교과서 외우던 생각이 났다. 10번, 20번 읽고 그중 잘된 것 하나를 보내지만 내가 생각해도 발음이 형편없었다.

연음으로 발음하기도 어려운데 억양에 리듬에 유창성까지 체크하니 참 열성 바른 강사들이다. 내가 과제 보내는 시간이 주로 새벽 1시가 넘는데 답 체크해 주는 시간들도 새벽이다. 메일로 보낸 영작을 체크하는 조교들도 한 글자도 안 놓치고 어찌나 알뜰히 보아 주는지……. 다들 이렇게 사는구나!

맘먹고 하는 공부라 재미있기는 하지만, 공부만 하는 게 아닌 나로선 다시 하루가 짧게 느껴지는 게 싫다.

참 값진 경험이 되겠지만 공부는 대충하면서 결석 않고 꼬박꼬박 나가는 것으로 위안을 삼아야지!

바쁜 삶에서 벗어나고자 얼마나 갈망한 한가로움인데…….

오늘도 벌써 새벽 1시가 넘었다.

공부라고 시작해 놓고 보니 과제니 복습이니 시간이 많이 걸려 한가할 틈이 없다.

정기구독으로 오는 문학지 읽으랴, 새로 산 책 읽으랴, 글 좀 만지작거리랴, 게다가 어느 하루는 온통 비워 흙 작업하러 가랴…….

뭐든 만만한 게 하나도 없는 세상!

영화 감상은 부담 없이 남편과 함께할 수 있는 여가 활용이었는데 학원 다니면서부터는 그럴 시간도 없다.

오전에 학원 가고 오후엔 과제하고, 운동하러 가고…….

늘어져 뒹구는 게으름을 동경한 나로서는 여간 아쉬운 게 아니지만 뭔가를 배우면 배울수록 모르는 게 더 많고 할 게 더 많은 게 신기하다.

그래도 학원을 주 3회로 바꿨으니 천만다행이다. 사실, 들이는 시간과 노력에 비해 얻는 것에 대한 만족감이 덜하다는 아쉬움이 살짝 들기도 한다.

고민은 되었지만 다음 달 등록을 또 했다.

내친걸음이니 가다가 아니 가도 간 것만큼은 이익이겠거니!

퇴직하고 몇 날은 정말 한가하고 느긋하여 세상의 모든 시간이 다 내 것 같았다.

그러나 그것도 잠깐! 석 달도 채 안 되었는데 하루는 언제나 짧았고 저녁엔 아쉬움과 피곤함이 어김없이 찾아왔다. 이러고도 내가 어떻게 그처럼 맹렬하게 다녔지?

사람은 얼마나 새 편안함에 빨리 익숙해지는지 스스로 놀랍기만 하다.

5월 징검다리 휴일이 많은 요즘, 학교마다 자율적으로 휴업일을 정하여 출근일이 들쭉날쭉한 가운데 호숫길을 산책하다 점찍어 둔 멋진 레스토랑에서 옛 동료들을 만나 회포를 나누었다. 그새 좀 자주 왔더니 사장이 와서 인사를 한다.

꽃보다 신록! 꽃이 지고 신록으로 갈아입은 호수를 바라보며 마시는 커피 맛이 일품이었다.

후배인 그들은 놀고 있는 나를 마냥 부러워한다. 그러나 나는 노는 게 아니고 노는 일을 하고 있다니까!

학교 일이 너무 바빠서인지 그들은 자기들에게 있는 젊음이 얼마나 값진 것인지를 잊어버리고 하는 말이다.

내가 학교를 언제 어떻게 그만둘 것인지를 하루 1시간씩 오가는 출퇴근길 올림픽대로 위에서 생각하고 결정했듯이, 이제 미국행이 정해졌으니 1년 후 미국행을 마치고는 또 어떻게 생활할 것인지 거기서 돌아다닐 동안 잘 생각해야지!

입학 준비

서류를 보낸 지 한 달이 좀 지난 오늘, 드디어 미국 ASU(Arizona State University)에서 입학 허가 소식이 Fedex로 왔다. 내용을 읽어 보고 비자 신청을 위해 인터뷰 준비를 했다.

22가지 문항에 하나하나 답을 쓰고 유학원으로 보냈다.

입학 허가와 함께 출국 날짜가 잡혔다.

5월 28일 결혼하는 아들을 생각하면(집은 작은아들네가 1년간 살기로 했기 때문에) 새 며느리가 어렵지 않게 빨리 출국하고 싶은데, 생각처럼 안 되어서 7월 22일로 날짜가 정해졌다. 가슴이 뛴다.

유난히 늦게 온 봄이 참 느릿느릿 가기도 한다.

오늘은 봄비가 여름을 재촉하며 내리고 있다.

장거리 여행을 위한 점검 차원에서 안과, 치과엘 갔다. 별 탈은 없지만 눈이 뻑뻑한 게 난시, 근시, 원시가 복합적으로 오고 있는 것 같아 안경을 맞추고 치과에 들러 스케일링도 했다. 60년을 넘게 썼는데도 이만큼이라도 건강한 눈이 고맙다. 그러나 요즘은(영어 공부 때문인지) 눈이 자주 피곤하고 충혈이 되어 안경 쓸 필요를 느끼게 되었다. 밝은 색으로 예쁘게 맞추고 나간 김에 시장처럼 변해 가서 안타까운 느낌이 더해 가는 인사동 거리를 걸으며 구경도 하고 전시도 보고 왔다.

영어 학원 두 달째.

처음엔 발음이 잘 안 되어서 고민되었고 약간의 스트레스를 받았지만 지금은 즐겁게 따라하면서 아주 알차고 좋은 과정을 배우고 있다.

좋은 수업이란 몰입하게 하는 수업이 아닐까? 언제 2시간이 후딱 간다. 그러나 영어라는 게 하면 할수록 어렵기만 하고 잘 늘질 않는다. 단지 출석률로 버티고 과제 제출만 꼬박꼬박 하면서 지내고 있다.

처음엔 암담했지만 많이 연습한 후 mp3로 녹음 과제를 제출하고 나면 아주 후련하고 스스로 대견스럽기까지 하다. 젊은 학생들의 순발력과 열의를 어떻게 따라갈 수 있을까만 그래도 같이 공부하면서 배우는 게 많다. 생각보다 학생들의 태도가 진지하고 모두가 친절하고 예의바른 모습들이다.

다음 주에는 막내의 혼배미사(결혼식)가 있어 집안 친척들도 올라오시고 바쁠 것 같아 제출은 토요일까지이지만 과제를 1등으로 제출했다. 덕분에 새벽 3시까지 컴퓨터 앞에서 보냈다.

드디어 비자 인터뷰에 앞서 유학원에서 오리엔테이션을 했다.

왜 가는지? 가서 경비는 누가 조달할 것인지? 어디서 머무를 것인지에 대한 답변 자료와 불필요한 말은 하지 않을 것 등 주의 사항을 잘 정리해 주었다.

예방접종 확인서를 떼러 지정된 병원에 갔는데, 허 참! 1957년생 이전 사람은 준비할 필요도 없었다. 유학원에서도 나 같은 늙은 학생을 보낸 경우가 없어서 잘 몰랐겠지!

괜히 점심시간 피하느라 기다리고 돌아다니면서 시간만 허비했지만 모처럼의 명동 나들이여서 큰애 가지고 남산만한 배를 안고 일부러 명동까지 와서 먹었던 추억 어린 명동칼국수를 먹으며 다시 한 번 전의(戰意)를 다졌다.

'내가 가는 것이 서류도 필요 없을 정도로 특별한 경우인가?'

엄청 황당한 기분이 들었지만 나는 공부하러 가는 게 아니고 넓은 세상 구경 가는 거라고 스스로에게 다짐을 했다.

1년 연수를 통해서 당당하게 나이 드는 법과 비움과 나눔을 통해 인생을 새롭게 설계하면서 진정한 삶의 기쁨을 느끼는 방법을 찾아오고 싶다.

드디어 대사관에서 인터뷰하는 날.

6월 중순이지만 날씨는 무지 덥고 대사관 앞의 줄은 왜 그리 긴지!

학생들 방학이 있어서 그런지 안에도 북새통을 이루고 줄이 꼬불꼬불 길기도 했다. 인터뷰하기까지 여러 번의 과정을 거치며 안내를 받았다.

이것저것 도와주는 대사관 직원들이 한동안 한국을 떠나 있을 사람들에게 좀 더 친절했으면 좋으련만, 아쉬웠다.

드디어 내 차례가 왔다.

상담원이 외국인이어서 잠시 긴장하고 있었는데 서류를 보더니 고개를 갸우뚱하는 게 아닌가? 그러더니 자기가 먼저 한국인 도우미를 불러서 이것저것 의문 나는 것을 막 질문했다.

"이해가 안 간다. 은퇴를 했다면서 왜 유학을 가느냐? 있을 동안 경비는 누가 낼 것이냐? 한국에 자녀들은 있느냐? 미국에 더 있을 생각이 있느냐?"

나의 답은 명료했다.

"여행을 좋아해서 다른 나라를 자유롭게 여행하고 싶어 영어를 배우러 간다. 영어를 배운 다음은 미국이 아닌 다른 나라를 여행할 것이다. 난, 사십 년간 충분히 일했다. 더 일할 생각은 없다. 더 있으래도 안 있는다."

내 말이 거짓으로 들리지는 않는지 씩 웃더니 끝났다.

뜨거운 햇빛 속을 걸으면서 '얼마 후엔 이보다 더 뜨거운 곳에 있겠구나!' 생각하면서 남편의 옆모습을 힐끗 봤다. 괜히 미안한 마음이 들었다.

1년 후 한국에 다시 오게 될 땐 당신 덕분에 좋은 구경 잘 하고 간다는 말을 꼭 듣고 싶다.

석촌호수 위에 수많은 동그라미를 그리면서 떨어지는 비를 바라보며 같이 장학회 일을 하는 제자들을 만났다.

함께 이루어 가는 이 일이 작은 빗방울이 만드는 풍경처럼 아름답게 생각된다. 참 소중한 제자들!

사회엔 거금(巨金)으로 운영되는 수많은 장학회가 있지만 작은 풀꽃처럼 작은이의 작은 도움이 되고자 시작했던 일.

중학교 1학년부터 고등학교 3학년까지 매년 한 명씩 뽑아 1년에 4번씩 6년 동안 꾸준히 지원하고 있는 이 일이 내가 자리를 비울 동안 회원도 더 늘고 왕성하게 활동하길 기대해 본다.

본격적인 장마 중에 7월이 되었다. 아직 만날 사람도 남아 있고 할 일도 많은데 갈 날이 가까워지니 걱정이 되고 겁도 난다.

학교 교육 프로그램을 보니 필수와 선택을 포함하여 수업 시간이 주당 24시간! 너무 많은 것 같다. 조절이 가능한지 가서 상담해 봐야겠다. 가기 전에 할 일들을 메모해 보니 목록이 꽤 많다. 하나하나 체크해 가며 준비해야겠다.

〈가기 전에 할 일〉

1. 070 전화기와 인터넷 단말기 준비
2. 018 핸드폰 정지 신청하기
3. USB 백업 받고 외장하드에 옮기기
4. 개나리장학회 소식지 7월분 보내기
5. 작은 물품 챙기기—손톱 깎기, 멀티코드기, 알람시계
6. 병원—이비인후과, 안과, 내과, 치과 가서 체크하기
7. 자기소개서 영어로 써 보기
8. 펌 하기
9. 미리 보낼 짐 정리하기
10. 어머니 뵈러 가기(흑석성당)

세찬 비를 뚫고 출국 전 오리엔테이션을 받으러 유학원에 갔다.

출국 준비와 현지 적응 노하우, 준비물에서부터 출입국시 공항에서의 유의사항, 꼭 챙겨야 할 서류들, 숙소 정보 및 공항 만남에서 생길 수 있는 돌발 사태에 대한 적응, 홈스테이할 때의 참고사항, 첫 등교, 학교생활의 이모저모까지 사례를 들어가며 3시간에 걸쳐 아주 실질적이고 유용한 내용들을 들었다.

끝나고 다시 1시간 '긴급활용영어' 강의도 있었는데 기본적이면서 꼭 알아 두어야 할 유익한 내용이었다. 유학원에서 좋은 프로그램을 아주 알차게 진행하고 있다는 느낌이 들었다.

Smile, eye connect!

이것만 기억해도 오늘 소득은 충분할 것 같다.

함께 들은 학생들도 같은 목적으로 모여서인지 친근감이 들었다.

젊은 나이에 공부하러 외국 가는 친구들이 대견하고 부러웠다.

떠나기 전 마지막 주말이다.

큰아들 내외, 잠시 같이 살고 있는 작은아들네와 같이 식사를 하면서 의미 있는 시간을 가졌다.

정성들여 쓴 편지와 서로 마음을 모아서 준비한 거금 1,000달러를 주면서 건강하고 행복하게 지내다 오시라고 했다. 고마웠다.

가고 난 뒤 편지를 다시 찬찬히 읽어 보았다. 마음만큼이나 예쁜 내용들이어서 내내 흐뭇했다.

떠나지 않으면 이런 행복도 맛보지 못했을 테지…….

떠나기

7월 22일 오후 8시 탑승, 8시 30분 드디어 땅에서 발을 떼었다.

어젯밤은 잠이 오질 않았다. 받아 놓은 날은 오기 마련이라더니 드디어 가긴 가는구나!

30분도 채 아니 되었는데 울릉도를 훌쩍 넘어 끝없는 바다 위로 가고 있다.

이미 한국을 벗어나 끝없는 동해 위에 떠 있다.

26살에 먹은 마음 62살. 이제야 펼치는구나!

20년 전 설레는 마음으로 처음 외국 여행을 가던 때보다 더 감회가 깊다.

학생비자로 가지만 공부는 잊기로 했다. 즐기고 도전하고 새로운 세상을 보는 것으로 1년을 살고 올 것이다.

이런저런 생각에 젖어 있다가 옆 좌석에서 눈을 감고 있는 남편을 보았다. 이 사람은 무슨 생각을 하며 이 먼 길을 가고 있을까?

시간은 새벽으로 가고 5시가 되자 녹차 죽이 나왔다.

16시간의 시차를 두고 Los Angeles를 향해 날고 있다. 어려운 걸음의 시작이라 비행기는 좀 편한 좌석으로 탔더니 기내가 편안하고 조용하다.

비행속도 582mph, 고도 36,977feet, 현재 시각 5시 25분, 현지시각 1시 25분, 잔여시간 1시간 38분을 남기고 있다.

어제 공항에서 아들, 며느리들과 포옹했던 체온이 아직 남아 있다.

잘 자라 준 열매들! 나는 이 자식들에게 얼마나 좋은 거름이 되고 있는지…….

금년은 우리가 먼 길 떠나고, 큰애도 MBA 공부하러 떠나고, 첫 손자 짬짤이(胎命)가 태어날 거고, 우리 집 맏며느리가 영세를 받고, 또 막내가 결혼하여 새 보금자리를 꾸민, 가족 모두에게 큰 변화를 맞이한 해이다.

얼마나 고맙고 감사한지!

떠나오기 전 유 교수님이 어찌 아시고 전화하셨다. 시(詩) 같은 거 다 잊고 살다 오라셨다. 고마우셔라!

정말 잊고 살 수 있을까?

11시간 40분 걸려 LA공항에 도착했다.

날짜변경선을 넘으니 다시 7월 22일, 현지시각 오후 4시 10분.

출국할 땐 짧은 영어에 이것저것 까다롭게 물어볼까 봐 걱정했는데 몇 가지 묻고는 오른손 왼손 지문 찍고 잘 나왔다.

짐을 전부 찾아서 다시 보내고 5시 35분에 출발하는 미국 국내선

Delta항공을 타고 Arizona의 Phoenix로 향했다. LA행 KAL기와는 달리 동양인은 우리와 어느 젊은 부부 한 팀이 전부였다.

우중충한 공항하며 아무렇게나 편하게 입은 외국인들을 보며 깔끔한 인천공항 생각이 났다.

Arizona Phoenix공항에 내리자마자 함박웃음을 지으며 기다리고 있는 조카 부부를 만났다.

와! 드디어 난 왔다. 미국에!

제2부

늙은 학생 학업일지

생명의 소리 I —신록
(25×19×37)

낯선 땅 적응하기

조카 가족의 환대로 잘 먹고 잘 자며 미국의 첫 밤을 보내고 새 하루를 맞았다.

7월의 애리조나 바깥 날씨는 45°C 내외의 뜨거운 날씨였지만 습기가 없어 그런대로 지낼 만했다.

여기가 미국 땅 맞나 싶게 현미밥에 된장찌개를 먹은 후 당장 급한 차(Car)를 보러 갔다. 현대자동차가 얼마나 인기가 있는지 넓은 영업장엔 사람이 많았고 차는 다 팔리고 전시용밖에 없어 색깔 선택은 할 수도 없었다. 우리나라 차가 외국에서 그것도 미국에서 이렇게 잘 팔리다니 기분이 좋았다.

그런데 Dealer가 모두 노인이어서 서비스는 기대할 수도 없었다. 그래도 열심히 일하는 노인들을 보니까 미국을 떠받치는 여러 기둥의 한 부분을 보는 것 같았다.

오늘은 미국 와서 맞는 첫 주일이어서 성당에 몹시 가고 싶었지만 길도 모르고 아직 차도 없어서 집에 있을 수밖에 없었다.

아침에 Kokopelli 골프클럽에 가서 골프하는 것 구경하고 PGA Golf Shop에 가서 세일 중인 티셔츠 2개를 샀는데 가격이 정말 착했다. 우리나라의 절반도 안 되는 가격이었다.

교포가 하는 한국 식당에서 갈비, 된장국을 먹으니 세상이 참 좁고 우리나라가 커졌음을 느꼈다.

저녁엔 미국 여러 군데에서 체인을 갖고 있는 Cheese Cake Factory에서 친절한 안내를 받으며 맛있게 먹었다. 이 집은 식사 메뉴도 좋지만 애리조나에서 케이크가 가장 맛있는 집이라 한다. 좀 비싸긴 하지만 고소한 치즈가 그대로 녹아 있는 부드러운 맛이 일품이었다.

혼자서 서툰 영어로 주문하고 계산해 보았다. 얼른 이런 것을 빨리 배워야 할 텐데…….

사막기후인 이곳에 모처럼 축복 같은 비가 왔다. 그것도 세차게 5분 가량이나!

우리가 살 아파트를 보러 가는 길에 젊은이들이 좋아하는 Boba Tea를 먹었다.(한국에서는 Bubble Tea라 함—슬러시에 찰떡)

발이 없으니 꼼짝없이 조카를 따라다닐 수밖에. 별다른 일도 하지 못하면서 휴식도 없이 피곤하고 시차 적응을 못해 차만 타면 졸고…….

한국에선 언제 이렇게 무위도식하며 보낸 적 있는가 싶어 이것도 참고 즐겨 보기로 맘먹었다.

남편이 조카의 딸 제니의 임시 골프 캐디가 되어 주는 덕분에 조카가 쉴 수 있어 고마워했다. 남편은 혼자서 기름도 Self 주유하고 금방

애리조나 모습

길을 익혀 애들 Care도 해 주었지만 난 아직 운전까진 마음이 가질 않는다.

은행 업무, 아파트 렌트, 아이폰 구입 등 내 힘으로 할 수 있는 게 하나도 없는 게 신기하고 자존심도 약간 상한다.

학교 가서 잘 버틸 수 있을지 걱정이 된다.

늦게 일어나 조카네와 백화점 구경 갔다가 일본 식당 'Sarku Japan'에서 점심을 먹었다. 넓은 매장엔 명품이 즐비했지만 쇼핑은 별 흥미가 당기지 않았다.

가능하면 간단히, 단출하게 사는 법을 택하려 한다.

빨리 적응하고 학교생활을 원활히 할 수 있는 준비가 우선이어서 여행도 다음으로 미루기로 했다. 아직 여행을 즐길 만큼 길에 익숙지 못하고 안정된 생활을 위한 마음의 여유가 더 필요할 것 같아서이다.

다행히 한국 신문이 없어도 컴퓨터로 뉴스와 서울의 소식도 자유롭게 접할 수 있어 얼마나 좋은지 인터넷의 고마움을 절감하고 있다.

남은 가족들과는 다 통화하며 안부를 주고받았지만 휴대폰이 없고 아직 이사 전이라 전화 개통이 안 되어 여러 사람과 통화할 수 없는 게 좀 불편하긴 하다.

늦잠을 즐기고 늦은 아침을 먹은 후 며칠 전에 본 아파트를 계약하러 갔다. 그런데 그동안 가격도 올랐고 보증을 서라는 등 조건이 달라졌다. 그래도 거리나 교통이 좋은 편이어서 50$ 계약을 하려니 현금도 카드도 안 되고 은행 가서 Money order를 해 오란다. 가까운 Bank of

America에 갔더니 수수료가 자그마치 10$이다. 우체국 가면 1$이라는데……. 불편하여라! 다시 한 번 알아봐야지!

한국 식당 QQ grill에서 얼큰한 김치찌개로 속을 달래었다.

식사 후 Brics에 가서 Apple에서 나온 아이폰을 샀다. 260$, 2년 약정. 한국에선 공짜 폰이 얼마나 많은데……. 할 수 없이 1년 쓰고 갈 때 조카의 딸에게 주고 갈 생각으로 샀다. 애들이 더 좋아하니 사용법은 걱정 없겠다.

조카네가 이사하는 날. 이삿짐 정리 및 여러 가지로 어수선했을 텐데 삼촌의 고마움에 보답하려고 잘해 주려는 조카 부부가 고맙고 대견했다.

드디어 우리가 살 아파트도 계약을 완료했다. 갈 때마다, 근무하는 사람마다 조건이 달라지는 이상한 동네! 일사불란한 우리나라와는 달라도 많이 달랐다.

계약금에, 보증금, 보증인, 입주 계약 수수료 등 이것저것 까다로운 절차를 거쳐 우선 3개월만 계약했다. 거주할 사람 수에 따라 계약금이 추가되고 애완용 동물이 있으면 계약금이 더 추가된다. 1Bed, no furniture이다. 일주일 후에 입주하기로 하고 가방 몇 개 옮겨놓고 필요한 것들은 그날 사기로 했다.

아직 차는 Deal이 완료되지 않아 차 나올 때까지 일주일 정도는 Rent 해야 할 것 같다. 그럭저럭 준비가 거의 되어 가고 마음도 조금씩 안정이 되어 가는 것 같다.

이곳에서 만나는 사람들의 생활이 생각보다 참 바쁘고 건조한 것 같다. 누구 하나 한가한 사람이 없어 보였다.

공부하는 게 쉽지 않더라도 남은 삶을 위한 투자로 생각하면서 여유 있게 대처하기로 다시 한 번 맘먹는다.

8월 1일, 기다리던 등록일!

남편은 그동안 익힌 운전 기술로 거뜬히 학교까지 데려다 주었다. 고속도로로 주행하여 30분가량 걸렸다.

몸집이 풍성한 여자 사무원들이 빠른 말투로 설명해 주었다. 비영어권 학생을 위한 교육기관답게 동양 사람이 많았고 한국 학생도 몇 명 만났다. 2주 후 Placement Test가 약간 염려되지만 어쩌랴?

애리조나에 온 지 열흘이 지난 이제야 겨우 은행계좌, 집, 차가 해결되었다. 무엇보다 인터넷 연결이 안 되어 여러 가지 많이 불편하지만 어쩌랴? 이것마저도 느긋한 마음으로 받아들이기로 했다.

남편을 걱정하는 친구의 메일이 와 같이 읽어 보니 우리 나이에 생활습관을 바꾼다는 게 얼마나 어려운지, 그래도 잘만 하면 뇌 활동이 활발해져 치매 예방에 도움이 된다며 위로 아닌 위로를 보냈다.

드디어 이사를 간다. 2주간의 준비 기간을 거친 후 새로운 우리의 보금자리로 찾아간다.

덩치 크고 엉성한 미국이란 나라에 와서 더위와 안착을 위해 많은 시간과 노력을 들였다. 생각하면 할수록 언제 우리나라가 이렇게 발전했는지 나와 보니 알겠다. 유감스럽게도 한국이, 서울이 얼마나 대단한

지 모르는 사람이 많았고 교포들도 고국에 가 본 지 오래된 사람들은 한국 실상을 잘 모르고 있을 뿐 아니라 자기들이 떠나온 그때의 한국을 지금도 그대로인 줄 알고 있는 게 신기할 정도였다.

새 차를 몰고 집에까지 오면서 운전 잘 하는 남편과 여러 차례 시간과 노력을 아끼지 않고 도와준 조카네와, 옆에 따라다니면서 말동무가 되어 준 애들이 무척 고마웠다.

이사라고 해도 가방 3개가 전부이지만 침대 매트를 운반할 수 없어 미국인 골프 코치인 제이콥(Jacob)의 차에 싣고 왔다. 겸사겸사 고급 레스토랑인 'RED LOBSTER' 에서 한턱 쏘았다. 제이콥은 인상도 좋지만 참 착하고 선량한 친구이다.

여기 온 이래 제일 비싼 음식을 먹었는데, 음식이 대체로 짜고 기름지며 양이 너무 많아 미국 사람들이 왜 비대한지를 알 것 같았다. 암튼 내일까지 배가 든든할 것 같다.

오늘은 새로운 희망과 값진 꿈과 휴식을 줄 새 집을 생각하면서 잠자리에 들어야겠다.

주님은 언제나 함께해 주시고 나에게 꼭 알맞은 협조자를 보내 주시는군요!

내일은 또 어떤 고마운 사람을 만나게 될까?

새로 온 집은 One bed에 no furniture이어서 소소하게 준비할 게 많았다. 샤워장에 비닐 커버가 없어서 물이 덜 튀게 하느라 몸을 벽 쪽으로 붙여서 샤워하느라 불편했는데 한국에도 진출해 있다는 크고 저렴한 Home Furniture Market에서 5$에 샤워 커튼이랑 고리를 샀다. 얼마나 편리하던지 콧노래가 다 나왔다. 단돈 5$에 느끼는 행복! 햐~ 이런 데서가 아니면 어찌 맛볼 수 있는 행복일까?

미숙한대로 관리실 가서 아파트 상태 체크도 하고 보험회사에 가서 새 차 등록과 보험 업무를 보았다. 또 은행 가서 잔고 정리도 하고 필요한 것은 대충했으나 전화 통화는 무슨 말인지 감이 잡히지 않았다. 바로 이런 걸 하려고 온 것 아닌가!

기죽지 않기로 했다.

개통된 070 전화로 두고 온 궁금한 사람들과 실컷 안부 전화를 주고받고 모처럼 여유가 생겨 메일과 블로그(blog) 정리까지 했다.

앞으로 학교 가기까지 일주일간이라도 영어 공부를 좀 해야겠다. 간단한 문장이라도 열심히 익혀야 덜 불편할 것 같은데 적고 외우고 돌아서면 잊어버리니 이래 가지고 공부가 될는지 걱정이다.

발이 되어 주는 남편 덕분에 편하고 어디든 함께 가서 해결하니 좋긴 하지만 여기 온 지 벌써 20일이 지났는데 아직 집 주변만 맴돌고 있는 게 여간 답답하지 않았다. 날씨가 워낙 덥고 길이 익숙하지는 않지만 모험적으로 찾아 나서는 일에 더딘 편이어서 그 일로 속이 상해 잔소리를 좀 했다. 어차피 모르는 곳에서 살려면 약간의 모험이 필요하지 않냐고…….

그래도 나 땜에 낯선 곳에서 고생하는 사람인데 내가 참을 걸…….

안전이 잘된 나라라고 하지만 허술한 시건장치와 낯선 것에 대한 막연한 두려움으로 잘 땐 깊은 잠이 들지 못하고 침대 모서리에 붙어서 새우잠을 잤다.

이사 후 처음으로 성당엘 갔다. 집에서 차로 20분쯤 떨어진 Chandler에 있는 '성 김효임 콜롬바 성당' 이었다. 어디에나 계신 주님. 여기서도 건재하신 모습에 감회가 새로웠다.

하느님을 모시는 사람들의 소중한 공동체가 여기서도 잘 형성되어 있어서 오기 전에 성당에 미리 연락했더라면 정착하는데 많은 도움을 받을 수 있음을 와서 보고 알았다.

오늘은 맑은 하늘에 별도 뜨고 달도 뜨고 흰 구름까지 받쳐 주는 그야말로 아름다운 밤이다.

샌프란시스코 근처 펠레몬에 살고 있는 미숙 씨에게 전화하고 안부를 나누었다. 여기 오면 곁에서 자주 볼 줄 알았는데 외국 생활이라는 게 그러지 못하는 게 아쉬웠다.

지금도 중국어와 Spanish를 배우고 있는 그녀의 끝없는 의욕과 깊은 신앙심에 존경과 부러움을 담아 답 詩를 보냈다.

어느 사랑

나무는 한 그루로도 꽉 찬 그림
몸 전체가 풍경화다
정갈하게 가지치기한 겨울나무 사이로 걸린 하늘
가지 끝 꽃 벙글어 있던 자리에
매달려 있는 빔(虛)
열매 떨어진 그 자리에서 빔(虛)을 쪼고 있는 겨울새 멧종다리
황갈색 가슴에 돋은 소름에 찔린 허공
사방으로 무너진다

겨울나무는 짱짱하다
푸석한 마음 들어갈 곳 없다
꼭 필요한 것만 남기고 다 버린 몸에
무거운 근심 있을 리 없다
그런데 나무는 이를 다물고 있다
견디며 서 있다
일정한 거리를 두어 뿌리가 서로 엉키거나
가지끼리 부딪쳐 상하지 않을 만큼의 거리에서
더 가까이 가지 않는 대신 몸 전체를 덮은
忍苦의 껍질
춥고 긴 외로움마저 움켜 쥔
그대는 한 그루로도 꽉 찬 그림

2011년 좋은 시 선정(삶과 꿈)

8월 중순, 날짜 지남이 의외로 담담하다. 인터넷 전화로 두고 온 사람들과 안부 전화하고 책 읽고 영어 공부하고 그러면서 보내는 날. 앞으로 이런 한가로운 생활이 내 삶에 얼마나 될까?

남편은 아직도 16시간 시차 적응이 안 되는지 아침이 다 되어서야 잠에 든다. 안쓰럽지만 내색하지는 않았다.

어제 아파트 시설 체크하러 관리실에서 사람이 왔다.

나의 짧은 영어에 귀 기울여 듣고 아직 담배 냄새가 가시지 않는다니까 다시 가서 스프레이를 갖고 와서 구석구석 뿌려 주고 갔다. 얼마나 성실하고 열심인지, 뺀질한 자동차 Dealer들, 깍쟁이 같은 아파트 사무원들을 보며 실망했는데 오랜만에 사람 냄새를 맡은 것 같아 흐뭇했다. 어느 곳이든 낮은 곳에서 핀 들꽃의 향기가 강한 건 똑같네!

멘토(Mentor)에 대한 글을 읽었다.

누구나 인생의 어느 시점에선 멘토가 필요하단다. 자식처럼, 제자처럼, 친구처럼 나를 안내하고 더 나은 세상으로 이끌어 주는 사람. 자신의 삶을 통해 나의 삶에 자극을 주어 내 삶을 되돌아보게 하는 사람, 나를 자극시켜 내가 원하는 사람이 되도록 업그레이드시켜 주는 사람.

나에게도 그런 좋은 계기를 주신 분들을 머릿속으로 더듬어 본다.

한국화를 알게 해 주신 분, 도자기를 알게 해 주신 분, 문학을 알게 해 주신 분, 참 평화를 알게 해 주신 분……. 이미 이 세상에 안 계신 분도 있지만 나에게 잊을 수 없는 분들이 많았음이 너무 감사하다.

사람은 50살 이전에는 자신의 성공을 위해 노력하고 50살 이후에는 남의 성공을 위해 노력해야 된다고 하는데 이제, 아니 이미 나는 남의 멘토가 되어야 할 때가 아닌가?

부족한 나를 삶의 모델로 삼고 싶다던 몇몇 얼굴을 떠올리며 좋은 멘토가 되어야겠음을 다짐한다. 그러기 위해선 따뜻한 가슴과 사람에 대한 깊은 사랑, 그리고 그들을 지켜보며 기다리는 인내가 필요하리라. 또한 나의 생활이 바르고 삶 자체가 향기로워야 하겠지.

여기 온 이후 두 번째로 성당에 갔다. 서울에서와는 달리 주일이 은근히 기다려졌다.

학교 개학하기까지 주어진 한시적인 자유를 만끽하며 매일 뭘 하는지 바빠서 어쩔 줄 몰랐던 생활. 평소에 생각만 했지 결코 실천에 옮기지 못하던 단순한 생활을 이제야 하고 있음을 알고 혼자 웃는다. 신문을 보지 않아도 답답하지 않고 누구를 만나지 않아도 생각만큼 답답하지 않다. 편안한 눈뜸, 늦은 아침 먹고 책 보다 인터넷하다 운동하며 누리는 시간의 자유! 마침 아파트 내에 규모가 크진 않아도 붐비지 않는 휘트니스센터와 수영장이 있고 나무나 잔디, 수영장을 매일 청소하고 관리해 주는 사람도 있다. 노는 것 같아도 제 할 일을 충실히 다 하는 이런 사람들이 큰 나라를 움직이는 힘이 되고 있는 것 같다.

러닝머신 위에서 기도를 한다. 하나 둘, 하나 둘. 하늘에 계신 우리 아버지, 아버지의 이름이 거룩히 빛나시며…….

운동이 지루하지 않고 기도도 집중이 되어 이걸 일거양득이라고 해도 될는지!

내가 지향하는 기도와 생각나는 사람들을 떠올리며 한 사람씩 정하여 기도하는 것도 색다른 맛! 여기에서 기도의 맛에 빠지고 싶다.

늙은 학생 학업일지

8월 17일, 기다리던 학교 첫 등교일!

나름대로 긴장을 했는지 밤새 잠을 못 자고 뜬눈으로 지새다 갔다.

넓은 강당에 학생들이 300명은 넘어 보였다. 아무리 둘러봐도 최고참, 왕언니임에 그러려니 했지만 좀 놀랐다.

아침 9시에 넓은 강당에 모인 학생과 열 명이 넘는 교수들이 진행한 Placement Test는 무려 4시간이나 걸렸고, 100문제를 100분 동안 풀었는데 Speaking은 2명의 교수와 문답형식으로 진행되었다.

Speaking, Writing, Listening, Reading, Vocabulary, Grammar 6가지 항목이었는데 그래도 Writing이 좀 쉬운 것 같았다.

학교 내 건물들이 뚝 뚝 떨어져 있고 건물 이름도 고유명사여서 찾는 게 힘들었지만 여기저기 물어 가면서 학생증도 만들고 현금이나 Credit card를 안 받아서 Check book으로 Student account를 납부하면서 하나씩 해결하는 것도 나름 재미있었다.

여기서도 중국인들은 수적(數的)으로 단연 1위였다. 여행 중에는 중국인들이 우리나라 사람들과는 외모에서 약간 차이가 났지만 여기 온 사람들은 한국인과 거의 구분을 못할 정도였고 얼굴과 몸 전체를 가린 차도르(Chador) 차림, 머리만 가린 히잡(Hijab)을 쓴 아랍계 여자들도 꽤 있었다. Global 시대 실감!

Placement Test의 결과는 온통 젊은 학생들 틈에서 당연히 Basic1이리라 생각했는데 Basic2로 나와서 아침 7시 30분부터 시작하는 Grammar 수업을 하지 않아도 되고 희망한대로 Communication반에 들어갈 수 있어서 좋았다.

내 평생 마지막 학생 시절인데 기왕이면 좋은 Classmate들과 한 반이 되었으면 좋겠다.

두근두근 첫 수업일!

아침 7시 30분에 집을 나서니 고등학교 3학년이라도 된 기분이다. 조용하던 길 위에 차들이 즐비하다.

죽은 듯 엎드려 있던 도시에서 사람들이 하나둘씩 나와 어느새 Freeway에 차들이 꼬리를 물고 이어져 있다. 낮에는 사람 구경을 할 수가 없었는데 너무 신기하였다. 출근길 정체는 여기도 마찬가지여서 30분 정도면 갈 수 있는 길을 1시간 전에 나오니 그래도 여유가 있어 강의실을 편히 찾아갈 수가 있었다.

Orientation 때 얼굴을 익힌 한국 학생들이 몇 명 있어 오며 가며 인사하고 아는 체를 해 주었다.

내가 간 Class에 Saudi 학생이 7명이나 되어 좀 심하다 싶었는데 다른 반도 마찬가지였다. 압둘라살만, 압둘라모하멧, 압둘라티프, 아메르,

클래스메이트들과 함께

모하멧~~ 이름이 다 비슷비슷하고 길기도 하여 제대로 외울 수가 없었다. 기후도 비슷하고 이들은 국가에서 경비를 거의 부담해 주어 정말 너도 나도 다 오는 것 같았다. Oil money의 힘이 크긴 큰가 보다.

피부색이 검은 사람, 노란 사람, 하얀 사람 가지각색에다 일본, 중국, 사우디, 카타르, 컬럼비아, 나까지 합하면 여섯 나라이다.

교사는 깔끔하고 예쁜 Sulaf가 Reading, Writing을, 친절한 Shara가 Speaking, Listening을, 부드럽고 유머 있는 Bob이 Conversation을 담당하였다. 다들 열심히 준비하여 가르쳐 주었고 얼마나 철저한지 1분만 늦어도 Name card에 −1을 기록하였다. 지각, 결석을 합하여 −600이면 무조건 fail이다 보니 시간과 규칙을 지키는 것이 엄청 철저한 것 같았다.

월, 수, 금은 8:10~12:40에 화, 목은 오후 2:40분에 끝나고 아침에 내린 장소에서 다시 타고 집에 간다. 남편 혼자 빈집에 머무는 시간이 길지 않게 하려고 가능한 한 빨리 움직이지만 수업이 일찍 끝나는 날은 학교 측에서 이것저것 참여하면 좋은 프로그램을 많이 만들어 놓고 학생들을 학교에 잡아 둔다. 학생들에게 참 좋은 시스템이라 생각하면서도 아쉽게 집으로 온다.

매주 월요일 4:30에 하는 회화 시간은 유익하겠지만 중간에 기다리는 시간이 너무 길어 아예 빼먹기로 했다. 학교 공부가 전부는 아니니까!

이번 첫 주는 긴장 속에서 엄청 긴 한 주가 되겠다.

벅찬 하루지만 내게 주어진 나날이 아름답다.

하늘 도화지가 너무 넓은 탓인가? 구름이 정말 선명하다.

같은 애리조나에 살면서 우리는 서울에서 벌어지는 이야기를, 조카 가족은 LA 날씨와 지진 이야기를 한다.

떠나 있는 사람에게 조국은 어떤 것인가?

조용하고 품위 있는 나라가 되었으면 좋겠다.

월, 수, 금 강의가 있는 Physical Science 건물 앞 벤치에 앉아 오가는 사람들과 학교 풍경을 눈에 담는다.

내게 전해져 오는 자유와 활기! 당분간은 이 자유에 빠져 보리라!

맘먹고 나온 시장! 나는 얼마나 큰 장바구니를 들고 왔는가?

이것저것 싱싱한 것을 많이 사 가야 식탁이 풍성할 텐데…….

시장에선 물건 사는 재미 못지않게 사람 만나는 재미와 여러 사람들에게 얻어 듣는 정보가 장보기의 쏠쏠한 맛일 텐데…….

ASU(Arizona State University)라는 큰 장터에 앉아서 생각해 본다.

오후 English Conversation 시간에는 Manet와 Gogh 작품을 보면서 묻고 말하는 대화 수업을 하였다.

작년 여름 도자기 해외 전 때 죽기 전까지 고흐가 살았던 남프랑스 아를르에 갔던 생각이 났고 그때 보았던 해바라기 꽃의 강렬함, 그의 삶과 죽음이 드리워진 짙고 어두운 작품을 떠올리면서 오랜만에 미술사 강의 시간 같아서 마음이 설레었다. 내가 받은 그림은 뭉클한 구름이 하늘을 덮고 있는 '오베르의 교회' 였다. 슬픈 천재의 비극적인 인생을 다시 한 번 생각해 보면서 아는 대로 발표를 했는데 미술적인 상식이 조금 있어서인지 칭찬을 들었다.

긴 첫 주가 지났다.

흐뭇하다. 내가 느끼는 지금의 자유를 만끽하며 훨훨 나는 비(飛)를 생각해 본다.

그때에

나 하늘나라 갈 때
글자 하나 가지고 갈 것이다
가장 크고 오래된 글자 하나를

하늘이 온통 모래바람이었을 때
숲 전체가 둥근 무덤이었을 때
상처 위에 돋아났던 새 살 같은 글
'飛'

날기 위해 버렸던 삶의 무게
더 높이 날기 위해 포기한 자유

이제 빈 몸으로 어둠 맞으며
감겨드는 눈꺼풀에 밟히는 얼굴
칼끝으로 새겨 두고
목숨의 씨 다 쏟고 갈 것이다

바람의 옷 입고

잡지사에서 원고 청탁이 왔다. 잠시 잊고 있었던 글 동네!

써 둔 글이 없는데도 반가웠다. 마감까지 좋은 글이 나올까?

끄적여 둔 메모를 찾아보았다.

이곳 사막에도 예쁜 꽃과 나무가 피고 있는데 나도 좋은 글나무 한 그루쯤 가꾸어도 되지 않을까?

점심시간에 자주 만나 함께 점심 먹던 ASU(Arizona State University)-AECP(American English Culture Program)에 온 한국 학생, '준', '태' '지', '연' 에게 오늘은 한턱 쏘기로 한 날이다.

한국 음식에 목말라 있는 젊은 친구들이 안쓰럽기도 하고 함께 공부하고 친숙하게 놀아 주는 게 기특하기도 하여 한국 식당 QQ grill에 갔다.

6명이 한 차에 다 타고 갔다. 돌솥비빔밥, 불고기, 닭갈비, 갈비탕, 콩국수……. 어느 것을 먹을지 행복한 고민을 하다가 서로 나누어 먹는 모습이 귀엽기도 하였다.

나를 부르는 호칭에 대해 자기들끼리 의논을 하였다. '선생님' 이라 부르자니 같이 공부하는 학생이란 신분이 좀 그렇고, 다른 학생들처럼 'Soon!' 으로 부르라니까 그렇게는 못하겠다고 하더니 편하고 다정한 '이모님' 으로 부르겠단다.

마침 오늘이 '준' 생일이어서 더 흐뭇한 시간이 되었다. 여기 있을 동안 젊은 학생들에게 의지가 되는 좋은 관계를 갖고 싶다.

Football 경기

9월 초이지만 아직도 햇볕이 뜨거운 오늘.

ASU가 자랑하는 American University Football 경기가 있는 날이다. 처음엔 갈 생각을 안 했는데 언제 이런 걸 보겠냐는 지은이의 권유로 갔다. 부랴부랴 검은 티셔츠를 사서 입고(금년 슈트색은 검정) 경기장엘 갔다. 한국 젊은 학생들 덕분에 화기애애한 분위기 속에서 관람했다. 아무 규칙도 모르는 채 보았지만 역시 역동적이고 Dynamic했다.

넓은 경기장에 꽉 찬 관중들을 보면서 아메리칸들의 응집력을 보는 것도 같았다. 아직 더운데 비싼 입장료(45$)를 내고 온 일반 관객들이 일심동체가 되어 애리조나를 응원했다. 더구나 ASU가 미주리(Missouri) 팀을 이겨 흥분의 도가니가 되었다. 밤 10시가 넘어 끝나서 피곤하긴 하지만 새로운 문화를 맛본 즐거운 밤이었다.

ASU 풋볼 경기장

Oh, my God!

매주 월요일 오후 4시부터 시작되는 Conversation 시간에는 ASU에 온 어학연수생들과 본 대학생들과의 자유로운 대화의 광장이 열린다. MU(Memorial Union) 광장에서 많은 학생들이 만나 서로 자유롭게 이야기하며 즐거운 시간을 지내다 보면 영어가 자연히 늘게 된다.

대학생들은 주로 American들이고 연수생들은 모두 비영어권 학생들이다. 그렇게 개인적인 만남을 통해 차도 마시고 같이 지내면서 친구도 사귀고 미국 문화도 접하라는 취지에서 마련한 좋은 프로그램이다. 그러나 학교 수업 후 3~4시간의 공백이 있고 또 늦게 끝나니까 나는 거의 참석하지 않다가 오늘은 오후에 시간 여유가 있어 MU 건물에 갔다. 학용품이나 생활용품을 파는 곳과 컴퓨터실 커피점과 구내식당이 다 집결된 곳이라 모든 학생이 항상 모이는 곳이고 거기 가면 약속하지 않아도 만나고 싶은 학생을 대부분 만날 수 있다.

아니나 다를까 둥근 테이블에 한국 학생들과 Group Conversation Member들이 Soon! 하면서 반갑게 손을 흔들어 주었다. 인도네시아 학생과 사우디아라비아 여학생 둘과 함께 자리했다. 서로의 긴밀도 탓인지, 영어가 짧은 탓인지, 뭘 좋아하냐? 나이는 몇 살이냐? 전공은 뭐냐? 는 정도의 가벼운 신상에 관한 이야기를 주로 주고받았다. 이 학생들 나이가 21살, 19살, 20살.

내 차례가 왔는데 "내 나이는 너희 셋 합친 나이야." 했더니 동시에 "Oh, my God!" 한다.

놀라는 이 어린 학생들의 표정이 재미있기도 하고 아무렇지도 않은 내가 재미있기도 했다.

나이는 부끄러운 게 아니거든! 너희는 내 나이를 경험하지 못했어도 나는 너희들 나이를 다 경험해 봤다니까!

Classmate

Classmate인 Juan Manuel과 점심을 먹었다. 성실한 Colombia 청년이다. 우리 반에선 나 다음으로 나이가 많은 29세 학생인데 약간 동양적인 인상에 착하게 생겨 친근감이 가는 얼굴이다.

어지러운 Colombia 현실을 얘기하면서 좋은 직장을 갖기 위해 열심히 공부한다고 한다. 후식으로 먹으려고 가지고 간 귤을 처음 본다기에 놀랐다. 더구나 형에게 주고 싶다고(다 큰 사람이) 하나 가져가도 되냐는 말엔 모성 본능이 발동해 가슴이 뭉클했다. 국가의 발전과 부(富)가 개인에게 이렇게 직접 영향을 미치고 있는 것에 놀라움마저 느껴졌다.

안정된 우리나라의 발전을 위해 저절로 기도하게 된다.

매주 금요일에 있는 Group Conversation에 가서 한국 학생 '윤'을 만났다. 더구나 한국에서 같은 동네에 살았다니 더 반가웠다. 이웃을 이국만리 여기서 만났네! 세상은 좁구나!

이제 학교 다닌 지 2달째 되어 가니 지금쯤 영어로 대화할 수 있는 외국인을 만날 수 있으면 좋겠다. 그런 협조자 한 사람쯤 어디 없을까?

요즘은 여기도 옛날 같지 않아 자원봉사하는 사람이 귀하다고 한다.

살기가 어렵고 바쁜 건 어디나 마찬가지네!

여기에 온 학생들은 각자 단단히 각오를 하고 온 터라 대체로 성실하고 열심이지만 새로운 문화도 익히고 외국 친구도 사귀는 등 학업에만 전념하는 게 아니어서 학점 관리가 생각처럼 쉽지 않은 것 같았다. 그래서 한 학기가 마칠 때쯤엔 출석이나 성적 확인을 한 후 걱정되는 친구가 가끔 상담을 해 온다.

내가 교사였고 나이도 있고 하니까 도움이 될까 해서다. 즉각 작업에 들어가는데, 제일 먼저 해당 교수를 찾아가서 솔직하고 진지하게 상담하라고 한다. 나는 꼭 승급을 해야 한다. 잘하고 싶으니 도와 달라. 어떻게 공부하면 되겠느냐? 라고.

학생이 열심히 하겠다는데 미워할 교수가 어디 있겠는가? 그렇게 하여 교수와도 가까워지고 성적도 오르고 무난히 다음 학기로 갈 수 있었다.

나도 첫 학기엔 교수가 제시하는 과제를 잘 이해하지 못했을 때 칠판에 적어 주면 좋겠다고 부탁하자 그날부터 기꺼이 칠판에 적어 주었을 뿐 아니라 오히려 서로 관심을 갖게 되었다. 또 Listening 시간에는 거의 매일 듣기 테스트를 하는데 내용을 이해하기 어려우니 원문을 좀 줄 수 없느냐 집에서 예습하고 싶다고 했더니 그것은 교수만 볼 수 있는 내용이어서 안 된다고 하더니 메일로 사이트를 알려 주어 공부할 수 있게 도와주었다. 물론 점수에 연연하지 않는 늙은 학생의 순수한 열의에 대한 호의였겠지만, 이들은 개인적으로 관심이 없는 듯해도 도움을 청하는 학생에겐 엄청 잘해 준다.

어디서든 진심은 누구에게나 통할 수 있음을 알 수 있었다.

시험에 대한 집착이 왜 있겠는가?

단지 내가 넘어야 할 단계라고 생각하면 알고 넘어가고 싶었다. 그러다 보니 12시 넘게까지 공부를 하여 남편의 걱정을 듣기도 했다.

특히 듣기, 말하기는 공부를 많이 해도 단시간에 되는 일이 아니어서 답답했다. 젊은 친구들은 거의 다 쓰기와 문법이 어렵다고 야단이지만, 옛날 공부한 것으로 문법이나 쓰기는 할 만한데 말하기, 듣기가 어려웠다.

남편을 기다리며 천천히 교정을 걷는다. 내게 주어진 이 귀한 시간들에 대해 감사드리다가 문득 생각에 잠겨 본다.

내가 만일 젊은 시절 외국에서 이렇게 꿈과 낭만을 누렸더라면 내 인생이 어떻게 되었을까? 생각하며 픽 웃는다.

거의 매일 나오는 과제를 하다 보면 그다지 시간이 남지 않는 게 불만이지만, 날씨가 조금 더 시원해지면 동네 운동인 골프와(여긴 반바지에 슬리퍼 차림으로 편하게 운동하고 심지어는 꼬마들까지 오는 동네 운동장 같다) 책 읽는 시간을 먼저 확보하고 싶다.

추석!

한국엔 날씨가 흐려 달을 볼 수 없다는데 여긴 휘영청 밝은 달이 두둥실!

하늘을 볼 때마다 느끼는 건데 여기 하늘은 왜 이리 넓을까? 시야를 가리는 게 없어서일까? 그래서인지 구름이 정말 선명하고 아름답다.

하늘만 보고 있어도 얘깃거리가 많이 생긴다.

오늘은 아들 며느리들과 통화하며 잠시 향수에 젖은 마음을 달랬다.

추석도 몰라주고 이번 주는 중간고사(Midterm Exam) 시험 일정이 잡혀 있다.

학생은 학생이다. 오늘은 Grand Canyon으로 소풍 가는 날!

5시 30분에 일어나 학교 주차장엘 갔다. 5년 전 한 번 왔지만 가는 코스가 무려 10가지나 된다니 당연히 가야지!

만리장성이 대단하지만 그건 사람이 만든 것이고 Canyon은 하느님이 만든 것이라고 자랑하는 걸 듣고 있자니 부럽다 못해 배가 아프다.

우리에게도 이런 선물 하나쯤 주시지 않고…….

그래도 우리는 세계가 탐내는 우수한 인력, 이걸 선물로 주셨나?

그동안 얼굴 익힌 외국인들과 사진 찍고 걸으며 대화 나눈 것만으로도 오늘 나들이의 수확은 큰 편!

각 국의 학생들이 북적거리는 한낮의 이 길도 사랑하지만, 아침 일찍 느릿느릿 걷는 강의동 사이의 이 Parm way를 나는 특히 사랑한다.

내 생각에 학교에서 가장 멋있는 건물인 Haydn Library는 건물은 훌

Grand Canyon에서

륭하나 반짝이는 눈과 거친 숨소리, 고개 숙인 머리통이 많아 답답하다. 너무 치열하고 진지하여 오히려 편하지가 않다.

중간에 Break time이 3시간이나 있는 화, 목요일 또한 내가 좋아하는 날! 어슬렁거리며 교정을 배회하기도 하고 새로운 길을 걸어 보기도 하는 호젓함이 있는 시간. 어느 누구 말 거는 사람도 없고 아는 사람도 없는 이 쓸쓸한 고독을 사랑할 수밖에 없는 시간.

외로움을 만끽하며 조용한 MU 2층 Hall way로 간다. 주로 회의실이 있는 넓은 복도와 편안한 소파에 앉아 한국에서 보내 온 문학잡지도 읽고 때로는 숙제도 하고 생각을 정리하는 여유를 찾는다. 이 시간이 좋아 한 번 빠지면 −1점이라는 Reading theater 시간도 빼 먹는다.

학생들이 다 그곳으로 몰려가서 이곳이 더 조용한지 암튼 행복한 시간! 나만의 비밀 공간이 있어 참 좋다.

나는 지금 어디로 가는 중이지?
소풍 가기 위해 초콜릿 사러 가는 중?
아니, 마켓 안에 들어와 초콜릿 사는 중!
시험도 끝났으니 이제 공부의 템포를 맞추어 여유를 가다듬을 때!
달콤한 초콜릿을 먹으면서 가야지.

사막 한가운데 세운 이 도시의 Free way에서 보는 크고 작은 나무들은 각각 제 그림자만큼의 영토를 거느리고 너무 가까워 부대끼지 않을 만큼의 거리에서 서로를 바라보며 서 있다.

사람과 눈길 한번 마주치지 않아도 아랑곳하지 않고 각각의 꽃을 피우고 있다.

척박한 땅에서 피워 올리는 가시꽃. 쓸쓸함이 피우는 꽃.

무심한 회색 꽃이 핀 이 거리를 너무 사랑하게 되지 않을까 은근히 걱정되기도…….

오늘 수업은 감동

좋은 인상의 Bob 교수의 Communication 시간.

오늘의 주제는 Cell phone 사용 예절에 관한 것이었는데 느닷없이 전화번호를 하나씩 준다. 게다가 나에게는 세대가 비슷한 자기 wife의 전화번호를 주었다. 명품은 작은 차이에서 생겨난다지만 이런 작은 배려가 그를 돋보이게 하는 행동이다.

학생 전부에게 친구, 아들, 딸 전화번호를 주고 그 시간에 직접 통화해 보라고 하였다. 물론 지인들에게 취지를 이야기하고 통화를 기다리게 해 놓고서…….

이렇게 완벽한 수업 준비가 어디 있겠는가? 더구나 우리가 외국인과의 전화 통화를 얼마나 어려워하는지, 그래서 그날 전화 통화 수업이 얼마나 값진 시간이었는지.

대부분의 학생이 American과의 통화가 그날 처음이라 했다. 감동이었다. 각자 통화할 내용도 메모해 온 그의 준비성이 정말 고마웠다. 사모님은 내게 Second language를 배우는데 대한 어려움은 없는지, 왜 이렇게 늦은 나이에 멀리까지 와서 공부하는지를 물었고, 그 외 서로의 신상에 대하여 대화를 나누었다. 참 소중한 시간, 고마운 시간이었다.

또 다른 Bob 교수.

체격이 엄청 크고 남다른 열의와 교육 기술은 있지만 사람에 대한 애정은 덜한 Big Bob. 수업 분위기를 꽉 잡고 조금의 빈틈도 주지 않는 강한 성격의 교수이다. 그런데 약간의 일이 터졌다.

주말에 평가를 보고 평가지를 받았는데 3가지를 쓰라는 문제에 3가지를 쓰고 예까지 들었던가? 그런데 시험지를 받아 보니 그 문항 전체를 0으로 쓰고 빨간 줄을 쫙 그어 놓았다. 왜 틀렸는지 모르지만 엄청 기분이 나빴다. 그래서 교수에게 질문 아닌 항의를 했다.

"내 생각엔 맞는 것 같은데 왜 틀리냐?"

"내가 의도한 답이 아니다."

“당신이 의도한 답이 아니어도 학생이 알고 있는지 아닌지가 중요한 것 아니야? 더구나 이렇게 길게 줄을 긋고 문항 전체를 0점을 주어야 하느냐? 너무 놀랍고 실망스럽다. 너를 이해하기 어렵다.”

이 교수가 일본인은 좋아하고 한국인은 좋아하지 않는다는 말을 한국 학생들로부터 이미 들었던 터이라 그냥 넘어가고 싶지가 않았다. 워낙 강한 교수에게 심하게 항의하는 나의 말을 많은 학생들이 숨죽여 듣고 있었다.

내가 점수 때문에 그러는 것이 아님을 우리 반 모두가 다 알고 있는 터이고 나도 점수 때문이 아니었으니까.

결국 교수는 30점짜리를 20점으로 고쳐 주었고 수업 끝나자 우르르 몰려와 그 교수한테 찍히면 낙제한다며 걱정하는 친구들의 위로를 받으며 Classmate들과는 한결 가까운 사이가 되었다.

약간 부자연스럽게 지내다 학기가 끝날 때 교수실로 갔다.

“나에게는 점수가 중요하지 않다. 그렇지만 내 기분을 말하고 싶었고 지금도 서운하다. 그러나 교수인 너에게 우긴 건 미안하다. 나는 공부 끝나고 한국 가면 끝이지만 끝맺음을 이렇게 하고 싶진 않다. 좋은 기분으로 헤어지고 싶다. 그래서 너에게 왔다.”고 했더니 “고맙다. 미안하다. 이해한다.”고 했고 악수하며 헤어졌다.

교수실을 나오며 생각했다. ‘열심인 교수도 좋지만 사랑이 없는 사람은 가르치는 기계일 뿐, 학생은 감동 속에서 자라는 것이다.’라고.

벌써 10월! 정해진 1년 중 3/12이 지났다.

내게 다시 오지 않을 꿈같은 1년인데…….

그간 보낸 석 달은 맹렬한 더위와 싸우느라, 또 새로 시작한 공부와 친하느라 너무 바빴다. 성적은 기대 이상이었지만 그러느라 더 바빴던 걸 생각하면 나의 옹졸함이랄까? 한계를 넘지 못하고 생활한 나를 본 것 같아 속상했다.

얼마나 값진 시간인데 머나먼 이곳에서 성적 잘 받겠다고 시간 보내면 바보다. 많이 보고, 많이 돌아다니며 새로움에 접하며 말과 문화를 익혀 가는 게 애초의 목표가 아니었던가!

성적은 기본만 유지하고 그 시간으로 운동하고 사람 만나는 걸로 바꾸었다. 그러고도 성이 안 차 시간적 여유가 좀 더 있을 것 같은 동네 College Community로 가서 빈자리가 있나 알아보았다.

여건이 덜 좋은 만큼 굉장히 친절하게 맞이해 주었지만 어울려 다니는 학생들 분위기도 덜 학구적이고 어째 좀 그런데다 지금은 학기가 진행 중이어서 당장은 들어갈 수가 없단다. 다음 Session을 기약하고 일단 철수! 그러고 나니 맘이 한결 편했다.

새로운 시작

ASU 한국어과에서 교수님을 도와서 한국어를 가르치게 된 첫날이다.

어느 정도 학교생활에 적응하고 나니 뭔가 다른 할 일을 찾고 싶었는데 마침 교정을 지나다가 한국말을 어설프게 하는 외국인 학생을 만났다.

'그래, 얘들에겐 한국어가 외국어이지! 여기도 한국어과가 있다니까 내가 할 일이 있을 거야.'

수업을 끝내고 넓은 학교 캠퍼스를 뒤져서 ASU에서 한국어를 가르치는 교수님을 찾아갔다. 한국에서 대학을 끝내고 여기서 석사, 박사 과정을 공부한 여자 교수님이셨다.

여기 오기 전 한국에서 40년간 초등교육을 하다 왔음을 말하고 나의 생각을 말하니 너무 반가워하셨다. 그래서 일주일에 2시간씩 한국어 Assistance를 하게 되었다. 가르치는 것은 나의 주특기가 아닌가!

나의 일상에 새로운 의미를 갖는 일이 될 것이라 생각했다.

20명이 넘는 학부생들이 한국어를 배우는데, 수준은 한국의 초등학교 정도이지만 배우는 열의가 대단했다. 대부분 American과 몇 명의 한국인 교포들이다.

오늘은 한글 문장 중에서 '얼마나, 아주, 조금, 쯤, 으로, 까지, 에, 에서' 를 이용하여 긴 문장을 완성하는 것에 대해 공부하였는데 이들에겐 쉽지 않을 것 같았다.

나의 긴 교직 경력이 여기서 이렇게 값지게 쓰일 줄이야!

참 보람 있었다. 고마운 하루!

가을이 되니 여기도 내년의 신입생을 유치하는 프로그램이 있었다. 여러 곳에서 고등학교 학생들이 학교를 방문하고 소개하는 행사를 준비하였다. 여러 나라의 언어를 공부하려는 학생들에게 한국어 프로그램을 소개하는 일에 박 교수님과 한국어과 학생들과 함께 준비하였다. ASU에는 한국어 말고도 30개가 넘는 다른 나라 언어와 문화를 공부할 수 있다니 그 규모가 크다. 한국어 관련으로는 박 교수님이 하는 한국어와 한국문학, 한국 종교가 있어 한국에 관심이 있는 외국인들이 한국에 대해 배우고 있다. 오늘 행사에는 한국어과 홍보를 위해 B-Boy와

한국어과 홍보

Super Junior 사진을 크게 붙이니 역시 젊은이들이라 많은 학생들이 몰려와 줄을 섰다. 태극무늬를 그린 작은 부채와 예쁜 종이에 학생들의 이름을 일일이 한글로 써 주었는데 붓펜으로 쓰는 것을 신기하게 바라보고 있었다. 미국에서는 붓으로 글씨 쓰는 게 신기한가 보다. 붓펜이 이렇게 유용하게 쓰일 줄이야!

많은 젊은이들이 몰려와 과학적이고 아름다운 한글과 한국 문화가 세계 속으로 전파되기를 빌어 본다.

일주일에 적어도 2번은 운동하기로 자신과 약속한 첫날.

아직 가시지 않은 열기 속에서 골프를 쳤다. 파란 잔디를 밟으며 이런 여유를 진작 누리지 못한 것이 아쉬웠다.

첫 Session 땐 긴장도 좀 했었고 과제도 거의 매일 있었다. 열심히 따라한 덕분에 좋은 성적을 받았지만 살짝 억울했다. 이러려고 온 게 아닌데…….

정말이지 American Culture를 익힐 틈도 없이 바쁘게 지냈다. 그래서 특히 이번 여행이 필요했고 남편과 많은 이야기를 나누며 여러 가지를 생각하게 되었다. 어떻게 우리의 미래를 준비해야 할지 서로의 생각을 확인하고 의논하는 좋은 시간이 되었다.

요즘 와서 자유롭다기보다는 건조해지는 나의 말과 행동에 대해 스스로에게 부끄럽지 않은 사람이 되어야겠음도 혼자 다짐하였다.

10월, 새로운 Fall 2 Sessicn을 하면서 전번 Classmate들과는 다 헤어졌다. 그래도 처음이라 정이 들었는데…….

쉬는 시간에 복도에 나갔다가 사우디아라비아에서 온 압둘라(Abdullah)를 만났다. 좀 개구쟁이 기질이 있는 악동 스타일이지만 내가 또 이런 스타일을 싫어하지 않는 탓에 친하게 지냈다. 영리하고 정이 많은 성격이어서 간단한 아랍말도 가르쳐 주고 농담도 하고 함께 사진을 찍기도 하였다. 자기 어머니의 나이가 65세이고 형제가 무려 12명이나 된단다.

나의 젊었을 때 사진이 보고 싶다고 하여 10년 전 팸플릿(Pamphlet)의 사진을 보여 주었더니 'Beautiful!'을 연발하던 장난꾸러기 압둘라가 복도에서 Soon! 하고 달려왔다. 팔을 끌며 나를 데리고 교수에게 가서 자기의 가장 친한 친구라고 소개를 하였다. 고등학교를 갓 졸업한 보글보글한 곱슬머리에 쌍꺼풀 진 눈을 반짝이던 가무잡잡한 얼굴의 압둘라! 귀엽고 기특한 녀석!

한국어 조교를 하면서 한국어를 더 배우고 싶은 학생이 있고 마침 나도 영어를 더 배우고 싶었던지라 Exchange learning을 하기로 한 첫날이다.

한국어 강의가 끝나고 기쁜 마음으로 Elizabeth과 함께 Haydn Library에서 공부를 하였다.

이 여학생은 미국에서 태어난 American Mexican인데 한국어 실력은 좀 부족한 편이지만 모습대로 착한 아가씨였다. 아까 강의 시간에는 내가 가르쳐 주었으니 이 시간은 자기가 날 가르쳐 주겠다고 했다. 묻고 답하는 게 공부가 되어 서로에게 유익할 것 같았다.

역시 영어 발음도 좋고 당연히 너무 잘하였다. 나는 언제 저렇게 될 수 있을까? 하긴 Elizabeth도 한국어 배울 땐 쩔쩔 맨다.

다른 나라 언어를 배우는 것은 누구에게나 참 어려운 일인가 보다.

새로운 일과가 생겨 수요일이 기다려진다. 효과도 없는 공부에 매달려 바쁘게 지내다가 이렇게 파란 잔디를 밟으며 운동하니 얼마나 행복한지 정말 기분이 좋다.

서울 근처 골프 8학군이라 불리는 곳에서 주말에 거금을 주고 치면서 맘 아리던 걸 생각하면 여기선 4시 이후에는 일인당 10$씩 내고 맘껏 치니 잘하진 못해도 공이 오히려 더 잘 맞는 것 같다.

하루 종일 의자에 앉아 강의 듣고 집에서도 의자에 앉아 과제하고 그러다 보니 며칠 전부터 팔이 뻑뻑하고 운동이 절대 부족한 걸 몸으로 느끼게 되었다. 몸은 얼마나 정직한지! 먹는 음식도 패스트푸드나 빵을 자주 먹다 보니 평생 모르고 지내던 증세가 생겨 변비약을 사 먹기도 했다.

다행히 이번 학기는 과제도 적은 편이고 새로운 교수님이라 교수 방법도 달라서 공부가 그다지 부담스럽지 않아 천만다행이다.

어제 한 잔 가득 마신 커피 때문에 잠도 제대로 못 잤지만 주말이라 아침부터 발걸음이 가벼웠다. 점심을 빵으로 때우니 넘어가질 않아 따뜻한 커피랑 같이 먹게 된 것이다.

오늘은 오후 1시부터 매주 하는 Conversation Group 시간인데 지난주에 내가 간식을 준비하겠다고 약속을 하게 되어 작은 케이크를 사 갔다.

새로 온 학생이 한 명 있어 대화를 하다 보니 자연스럽게 신상 소개를 하게 되었고 내 나이를 알고 나더니 너무 젊어 보인다는 등 교수까지 합세하는 뻔한 거짓말에 간식 턱을 내게 되었다. 뭐 이 정도야!

Taiwan 여학생인데 여기서 대학교, 대학원까지 마치겠다니 적어도 7년은 더 있어야 할 텐데 참 대단한 젊은이들이다!

오늘 수업은 정말 아리송하였다. 이상한 그림 3장을 주면서 상황을 설명하고 문장으로 나타내는데, 공부 잘 못하는 학생의 심정을 알 것만 같았다.

집에 와서 의사인 조카사위한테 보여 주니 “와! 어렵네! 이런 걸 배워요?” 한다.

어제는 내용을 요약해서 Voice mail로 보내는 과제가 있었는데 5명밖에 안 보냈다며 교수가 실망한 듯하였다. 그래도 그중에 내 이름이 있는 게 얼마나 다행인지!

여기저기서 자료를 찾아 하긴 했는데 이런 과제는 엄청 부담스럽고 성가시다. On line 과제가 심심찮게 있는데 생각보다 참석률은 저조한 편이다. 거기 내 이름이 있으면 교수들이 반가워하고 나 자신도 뿌듯하다.

“놀랐나요 교수님? 이정도야~”

한국이 인터넷 강국인 줄 모르셨나 봐! ^0^

수업을 끝내고 오는 교정 한편에서 도자기 바자회 같은 걸 하는 게 보였다. 너무 반가워서 얼른 달려갔다. 이 작품들은 누가 만들었나? 어디서 만들었나? 유약은 누가 만들었나? 혹시 좀 배울 수 있나?를 물어보고 작업실 구경 가도 되냐고 물어도 보았다. 다음 주에 가 보기로 약속을 하고 오면서 신이 났다.

도자기를 보아서도 그렇고 묻고 싶은 것을 영어로 묻고 답까지 들어서이다. 그래도 조금씩, 아주 조금씩 단계를 올라가고 있구나!

함께하는 맛있는 한식

AECP 학생들 중 자주 만나는 한국 학생 6~7명들과 함께 식사를 하는 날이다. 한 달에 한 번씩 하는 이 외식은 횟수가 거듭될수록 정(情)과 의미가 더해지는 것 같다.

여기서의 100$은 한국에서 30만 원보다 더 큰 돈임을 지내다 보니 느끼게 된다. 한정된 돈으로 하는 외국 생활이기도 하지만 100$이면 쓸 게 참 많다.

그러나 한국 음식과 정이 그리운 유학생들에게 좋은 일이 될 것 같아서 매달 거금?을 써 주는 남편이 고맙다.

이 학생들이 나중에 사회인이 되어 그들도 기회가 닿을 때 남에게 대가 없이 베푸는 마음을 갖게 되면 좋겠다.

이런 한국 학생들이 있어 나의 학교생활에 활기를 더해 주기도 한다.

얼마 전엔 Exchange learning을 하고 싶어하는 한국 학생에게 내가 Assistance하고 있는 한국어과의 예쁜 미국 여학생을 소개해 줬더니 얼마나 고마워하던지…….

오늘 Group Conversation 시간 전에 40분쯤의 여유가 있어 MU 광장 테이블에 앉아 이런 날을 대비해 사 둔 카드에 편지를 쓰고 있는데, 여기저기서 "이모님!", "Hi Soon!" 하고 부르는 소리가 들렸다.

가끔은 외국 학생도 "이모님!" 하는 애들도 있다.

꽤 유명 인사가 된(순전히 나이 땜에…….) 지난 3달 동안의 학교생활이 그리 헛되지는 않았구나! 하는 생각도 들었다.

AECP에서 우리나라의 체험 학습 같은 Field Trip으로 Sonora desert에 갔다.

Desert Museum과 영화박물관 같은 Old Tucson Studios엘 갔다.

이번 행사는 크게 재미있거나 유익하진 않았지만 매번 학교에서 면밀하게 계획하고 진행하는 모습은 참 좋은 인상을 주었다. 그리고 이런 Activity를 할 때마다 새삼 내가 얼마나 어린 친구들하고 함께 사는지를 느끼게 된다.

오늘은 새로운 한국 여학생들 3명과 동행이 되었는데 살아가는 모습과 미래의 꿈을 들으니 끝없는 그들의 여정과 이미 너무 와 버린 나의 길이 참 비교가 되었다. 그러나 그들의 젊음은 좋으나 다시 그때로 돌아가라면 단연 No!

집에 오니 동행하지 못한 한국 친구들의 안부가 Facebook에 와 있다. 젊은 친구들하고 놀려니 Facebook에도 입성했지만 폐허로 있는 나의 블로그를 생각하면 잘 돌보지도 않는 집을 또 하나 마련한 것 같아 부담만 생긴다.

계획된 일상과 과제, Mail 체크하고 뭐 좀 끄적거리다 보면 늘 시간이 모자란다. 그 와중에 듣기 실력 향상을 위해 일주일에 한 번씩 영어 Video 보는 일까지 하느라, 사서 하는 일이긴 하지만 비명을 지를 판이다.

벌써 12월. 이번 학기는 너무 빨리 가는 것 같다. Thanksgiving Holiday 때문인가?

다음 주 시험만 끝나면 이번 학기가 끝난다. 등록금도 만만치 않은데 공부한 것도 없이 한 학기가 끝나다니…….

생각해 보니 이번 Fall 2학기는 좀 바빴던 것 같다. 일주일에 2번 ASU 한국어 Assistance하고 Exchange learning도 하고 주중에 운동 나가고 이웃인 소윤 씨 만나 좋은 시간 갖고…….

하루가 어떻게 가는지 모르겠다.

여기까지 와서 이렇게 바빠서야 되겠나 싶기도 하지만 한편으론 기왕 여기까지 왔는데 뭔가를 좀 더 보고 더 경험해야지 하는 마음도 들어서이다.

오늘 Elizabeth과 함께 MU에서 점심을 먹으며 공부했다. 함께 있는 시간이 늘 즐겁다. 다음 학기는 한국어를 안 들을 거라면서도 나와 함께 공부는 하겠다니 고마울 뿐! 이번 학기에 한국어 성적이 잘 나와서 좋아하는 모습을 보니 덩달아 기분이 좋았다. 착한 아가씨 Elizabeth!

사막인 애리조나에 그것도 겨울에 귀한 비가 어제, 오늘 조금씩 (2~3mm) 내리고 있다. 많이 가물었다니 얼마나 단비일까!

이런 날은 온 거리와 차가 흙먼지와 얼룩으로 범벅이 된다. 그래도 몸을 움츠리지 않을 만큼의 쾌적한 날씨에 우산을 쓰고 학교 안을 이리저리 돌아다니며 비를 본다. 그리고 비를 즐기고 있는 나를 본다.

공부가 늘 달콤하지만은 않아서 듣기, 말하기가 날이 갈수록 어렵기만한 이 일을 왜 하고 있을까? 새삼스런 질문을 해 본다.

어린애처럼 한 치 앞도 내다보지 않고 그냥 좋아서 해 왔던 여태까지의 긴 일상을 끝내고 한국에 가면 나를 기다리는 것은 무엇일까?

딱히 잡히는 것 없는 내일이 갑자기 먹먹해진다. 중력이 없는 땅 위를 걷는 기분이 든다.

그러나 다시 어린애처럼, 계산 없는 즐겁고 활기찬 일을 만들기 위해 많은 시간 많은 비용 중요한 많은 것들을 접고 왔다.

단비가 온다.

내 삶을 촉촉이 적셔 줄 귀한 비를 맞으며 고개를 들어 하늘을 본다.

이 비는 다른 사람들에게는 그냥 비일지 모르지만 내겐 1년 후의 풍요를 약속하는 단비가 될 것이다.

마지막 시험

이번 Session의 마지막 시험이 오늘 끝났다. 학생에게 시험은 언제나 부담이지만 별 부담 없이 그저 마지막 날이라는 생각에 아쉬움 반, 시원함 반으로 시험을 보았다. Speaking, Writing test를 끝으로 Fall 2 Session이 끝났는데 오늘 Writing test의 여운이 아직 남아 있다.

교수가 준비해 온 쪽지 중 하나를 가지고 그것을 주제로 Essay를 쓰는 것인데 내가 뽑은 건 '내가 경험한 두 가지의 삶의 성공을 적고 그것이 왜 성공인가' 를 쓰라는 주제였다. 학생들 모두가 각자 뽑은 주제를 두고 고민하는 표정이었지만 내 주제는 세상 산 경험이 좀 있어서인지 나름대로 생각을 정리하면서 써 나갔다.

아이들이 잘 자라서 서로 좋은 짝 만나서 결혼하고 예쁘게 잘 사는 것, 도자기를 하면서 흙과 더불어 오랜 세월을 보내고 살아온 것, 문학을 접하여 시인이 된 것, 요소요소마다 좋은 사람을 만난 것, 적당한 때에 직장을 그만두고 미국행을 선택하여 인생의 중요한 기회를 만든 것…….

쓸 게 많았지만 그중에서 2가지를 골라서 썼다.

먼저 글의 얼개에 해당하는 Outline을 구상한 뒤 글의 첫 머리에 '인생에 있어 성공이란 무엇인가?' 로 시작하여 주된 문장(Topic sentence)과 2개의 보조 문장(Supporting point)에 각각 세밀한 예문(Detail example)을 쓰고 마지막에는 인생에 있어 성공이란 자신의 꿈을 이룰 때라고 결론(Concluding sentence)을 쓰면서 끝에는 '아직도 나의 가슴엔 새로운 꿈이 자라고 있다' 로 마무리하였다.

나중에 교수가 부르더니 지금 너의 가슴속에 자라고 있는 꿈이 무엇인지 알고 싶다고 하였다.

여태껏 나를 위해 살아왔다면 이제부터는 다른 사람에게도 도움이 되는 일을 하며 살고 싶은 작은 소망을 삼십대의 젊은 교수는 어떻게 이해했을까?

우리나라가 선진국으로 가기 위해 반드시 넘어야 할 과제가 있다면 그것은 다문화 가정에 대한 문제라 생각된다. 그들은 우리나라 국적을

젊은 친구들과 아이스크림을 먹으며

가진 우리나라 국민이면서도 언어가 자유롭지 못해 얼마나 많은 불편을 겪고 있는가?

다문화 가정 자녀들이 겪어야 하는 이런 어려움을 돕기 위해 작은 힘이라도 보태고 싶다. 나는 이 나이에 내 돈 들여서 나 좋자고 왔는데도 말 때문에 어려움이 많은데 그 아이들은 얼마나 답답하고 어려울까? 그 꿈을 이루어, 보시기에 아름다운 삶을 살고 싶다.

나이 듦인가? 남미 여행의 여독이 다 풀리지 않은 듯하여 늦도록 누워 있었다. 방학이 있어 이런 여유를 부릴 수 있어 정말 좋다.

늦은 아침을 먹고 코코펠리(Kokopelli) 골프장에서 운동을 하는데 사람들이 다 반팔 티셔츠를 입고 있다. 사막 가운데 세워진 도시답게 1월인데도 아침저녁으로는 10°C 정도이고 낮엔 그늘이 좋을 만큼 25°C 이상의 따끈따끈한 날씨이다.

지금 서울은 소한 추위로 겨울의 막바지에 있을 걸 생각하니 안쓰러운 마음이 든다.

저녁을 일찍 먹고 아파트 안을 산책하다 보니 겨울의 한가운데인데도 파란 양잔디 위에 노란 잎들이 떨어져 한국의 선선한 가을 날씨이다.

여기 겨울은 정말 환상적이다.

이런 호사를 부려도 되는지, 새삼 감사할 뿐이다.

이번 학기에 사용할 교재를 4권 받았다. 물론 사용하던 책이다. 처음엔 새 책을 샀으나 다음부터는 서로 바꾸어 가며 쓰던 책을 돌려 가며 쓴다.

이번 책은 안식년으로 여기 와서 공부하던 신 교수한테 받은 책이고 내 책은 또 다른 한국 학생에게 주었다. 광고를 통해 서로 사고파는 학생들도 있지만 보통 아는 사람끼리 돌려 가며 바꾸어 사용한다. 돈도 절약되고 공부하는 기간이 짧아서 책도 거의 새 책에 가깝고 가끔 답이 적혀 있어 도움?이 되기도 한다.

이번 책을 보니 내용이 너무 어려워 어리둥절하다. 잘해 나갈 수 있을지 약간 걱정도 되지만 개학이 코앞이라 공부하기엔 너무 늦었다. 어떻게 잘 되겠지!

Spring 1 Session 첫날

한국엔 겨울방학이 한창인 1월에 새로운 학기가 시작되었다.

예감했던 대로 좋은 교수님, 좋은 Classmate들을 만났다. 한국 1, 일본 1, 베트남 1, 코스타리카 1, 중국 3, 쿠웨이트를 포함하여 아랍 9. 역시 아라비아가 단연 수적 우세! 이렇게 모두 16명이다.

여자는 나를 포함하여 4명, 게다가 지난 학기에 선택 과목을 함께 들었던 코스타리카 친구 Marueen을 다시 만나 너무 반가웠다.

첫날이지만 수업이 재미있고 밀도 있게 진행되었다.

다행히 나는 운이 좋은 편이다. 다른 학생들의 이야기를 들어 보면 선생님이 너무 맘에 안 들어서 사무실에 가서 바꾸어 달라고까지 한 일이 있었다는데(여긴 자기에게 불이익을 주는 일엔 분명히 표현하는 걸 당연하다고 생각하니까) 이번 역시 재미있어 보이고 열정적인 교수를 만난 것 같아 감사하다. 내 나름대로 평가를 하자면(실제로 학기가 끝나면 학생들이 무기명으로 교수를 평가한다) 여태껏 만난 6명의 교수들은 거의 A 수준이다. 나는 자기 일을 사랑하는 열정적인 사람이 좋다. 나의 영어 실력이야 부족할 수밖에 없지만 재미있게 공부할 수 있는 분위기가 중요한 건 당연하고 그것은 담당 교수에 따라 달라지는 거니까!

교직에 있던 3월 첫날. 나의 학급이 된 아이들이 나를 기다리며 얼마나 궁금했을까? 그 아이들의 호기심과 기대에 찼던 눈망울들이 떠오른다.

늘 부족했지만 그래도 나는 가르치는 일을 사랑했고 아이들의 삶의 중요성을 알고 있었다. 그때나 지금이나 'Teaching is Art' 라고 생각하니까!

수업이 7시 30분에 시작되는 화, 목요일은 새벽달을 보며 나간다. 애리조나는 사막 가운데 있는 도시라 그런지 낮에는 따뜻해도 아침저녁으로는 제법 쌀쌀하다.

차 안에서 히터를 틀고 준비한 아침을 먹는다. 오늘 아침은 삶은 감자와 사과, 블루베리이다. 오늘은 한국어 Assistance를 하는 날이라 점심 먹을 시간도 없이 바로 수업에 가야 하니까 아침을 든든히 먹어야 한다. 마치 고3 수험생 같은 생각이 들어 혼자 피식 웃는다. 그래도 원해서 하는 것, 사서 하는 고생이라 좀 바쁘지만 재미도 있다. 스웨터를 입고 등교하지만 집에 올 때는 에어컨을 틀어야 하는 변화무쌍한 날씨, 그래도 활동하는 낮 동안은 아주 쾌적한 날씨여서 정말 좋다.

새로 만난 교수들은 내게 딱이다. 숙제가 있긴 해도 그다지 어렵거나 많지 않고 무엇보다 쉽게 가르쳐 준다. 지난 Session 때 듣기 시간에 고

생한 걸 생각하면 얼마나 다행인지, 첫 주 Grade는 만점이다.(주간별 수업한 것이 컴퓨터 My grade에 평가, 과제, 출석……. 자세하게 올라온다)

많지 않은 시간이니 학교생활을 즐기기 위해(성적과는 관계없이) 나름대로 준비를 하면서 지내고 있다.

오늘은 1월 16일 Martin Luther King 목사 기념일이어서 학교를 쉬었다. 남의 나라이어서인지 의미가 어떻든 쉬는 날은 그저 얻는 보너스 같아서 신난다. 그런데 연휴라고 숙제가 무려 6개나 된다.

내가 선생님이었을 땐 주말엔 숙제를 안 내주었다. 그냥 잘 쉬는 게 숙제였는데…….

오늘 숙제 중 하나는 'What are three causes of stress in my life?'(내 삶에 스트레스를 주는 3가지 요인)를 1분 30초간 읽을 수 있는 분량의 문장으로 써서(정확히 시간을 지켜야 한다. 모자라거나 넘치면 감점이어서 내가 쓴 글을 소리 내어 읽으며 시간을 조절한다) Voice mail로 보내는 것인데, 글을 쓰면서 다시 한 번 나를 돌아보게 되었다.

많은 일, 많은 사람들과의 만남, 많은 욕구들로 항상 시간이 부족하고 지쳐 있는 나를 보게 되었고 그것을 끊기 위해 이곳에 와 있는 나를 다시 보게 되었다.

얼마나 다행인지, 얼마나 어렵고 동시에 좋은 선택이었는지.

싫어서가 아니고 못해서가 아니라 삶의 무게를 줄이기 위해 가지치기를 해야겠음을 절실히 느끼게 되었다.

달력을 보니 나의 계획한 1년 중 보낸 날보다 남은 날이 짧다. 얼마나 어려운 결정이었고 먼 여정이었는지를 새삼 느끼며 처음 가지고 온 그림을 머릿속으로 자주 펴 보며 어디만큼 왔나를 본다.

대학교 부설이라 과제나 Activity가 많아 생각보다 시간의 여유가 없는 게 아쉽지만 어쩔 수 없다. 모레 토요일 밤엔 베네수엘라 국가팀(Venezuela National Team)과 Big soccer game이 있어 벌써부터 학교가 떠들썩하다. 학교 마크가 들어간 티셔츠를 빅 세일하고 시간마다 교수님이 꼭 가라며 소개를 하고 있다. 물론 학생증만 보이면 셔틀버스와 입장료는 무료이다. 지난 Session 때 Foot Ball 경기를 보니 그 열기가 대단했는데 이번 축구 경기도 그에 못지않을 것 같다.

내일은 금요일, 과목마다 주말 테스트가 있는데 잘 사용하지도 않는 긴 단어를 20개나 외우려니 헷갈린다. 벌써 4단계까지 오고 보니 실생활영어보다 훨씬 Academic한 게 많다. 단어도 영영으로 외워야 하니 한영사전으로 의미를 찾아보면서 영영사전으로 외우는 이중 공부를 한다. 치매 예방은 확실하게 하는 거겠지!

그래도 여기에서 여러 가지 공해에서 벗어난 지금의 생활을 맘껏 누리는 게 좋다. 시간의 흐름을 느끼는 것도 큰 데서가 아니라 사소한 것에서이다. 가지고 온 화장품을 하나둘 다 쓰고 8Oz(226g)짜리 큰 치약을 다 썼을 때, 5kg짜리 쌀을 다 먹었을 때, 문득 시간의 흐름을 느낀다.

처음 이사 왔을 땐 서먹하고 맘이 가지 않던 집 구조물들도 친숙하게 다가온다. 차 마실 때 즐겨 사용하는 커피포트도 그렇고 특히 큼직한 욕조는 건조한 이곳에서 피로를 푸는데 아주 요긴하게 사용한다.

아쉽기도 하고 기다려지기도 하는 시간의 흐름이 어느새 피부로 느껴진다.

다정한 친구 Elizabeth을 만나 중국 음식점 'Panda express'에서 오렌지 치킨과 바비큐 비프를 밥과 함께 먹었다. 한국 사람 입맛에 맞게 만들어서 학생들에게 인기가 많은 곳이다.

오후 수업을 빼먹고 성당에 갔다. 미사 시간과 강의 시간이 같아서 못 갔는데 오늘은 맘먹고 미사를 보러 갔다. 특히 영어 미사를 볼 수 있어서 좋았다. 학교 앞 건널목을 지나 강의실 가까운 곳에 성당이 있다니 얼마나 다행인가.

학교가 넓어서 큰 도로를 지나서도 학교 건물이 여기저기 있다. 미사 후 다시 학교로 돌아가면서 미술대학이 있는 Art 빌딩에 갔다. 작업장에서 실제 도자기 작업하는 걸 보고 싶었는데 강의 중이라 그냥 왔다. 강의 시간이 맞지 않아 오는 게 쉽지 않았는데 또 언제 오나?

Classmate인 일본인 Midori, 중국인 Liyen, 코스타리카인 Maureen, 사우디아라비아인 Mohammed, Khaled와 함께 6명이 '하와이언 바비큐(Hawaiian barbecue)'라는 한국인 식당에 갔다. 이젠 한국인 식당에서 외국인을 만나는 건 예사로운 일이다. 흐뭇한 기분이 든다.

오늘은 내가 한턱 쏘기로 한 날인데 농담 잘하는 Khaled가 냈다. 여기 와서 다른, 그것도 사우디인한테 얻어먹다니! 사우디 학생들은 유난히 자기 나라 사람들끼리, 그것도 남자끼리만 모여 다니고 밥도 자기네들끼리만 먹는다.

강의실에서 같은 반 여학생들과 함께

한식이 비싼 편이라 학생에겐 큰돈일 텐데 거침없이 내다니! 역시 사우디인은 부자야! ^^

떡국이랑 바비큐를 맛있게 먹었다. 서로 내겠다며 실랑이를 하니까 주인 아줌마가 한국말로 "놔두세요, 걔네들 부자잖아요?" 해서 웃었다.

학기 말이 가까워 오니 여러 가지 평가와 과제가 많이 나온다. 오늘은 내가 이번 학기 중 가장 좋아하는 교수 Pedric의 과제인데 자기 나라의 도시를 소개하는 내용을 Voice mail로 보내고 수업 시간에 파워포인트를 사용하면서 설명하는 것이다.

나는 그리운 서울을 소개하였다.

첫째, 사계절이 뚜렷하면서 각 계절마다 아름다운 경치를 자랑하는 한국의 기후에 대하여, 그 다음으로는 서울을 빙 둘러싸고 있는 많은 산들을 소개하였다. 북한산, 도봉산, 청계산, 관악산, 남산, 특히 거대한 하나의 바위로 이루어져 세계의 록 클라이머(rock climber)들을 불러 모으는 인수봉에 대하여 쓰고 사진은 여기 사람들이 자주 볼 수 없는 눈 쌓인 겨울 산을 준비하였다. 어느 나라의 수도가 이렇게 아름다운 산들로 둘러싸여 있는가?

세 번째로는 파리의 세느강보다도 넓고 긴 한강을 소개하면서 그 위로 25개의 각각 다른 모양의 아름다운 다리와 특히 황홀한 야경을 파워포인트로 보여 주었다. 뿐만 아니라 물이 맑아서 많은 물고기들이 살고 있다고 했더니 와우! 하는 소리가 여기저기서 터져 나왔다.

다음으로는 역사의 고장 서울을 소개하였다. 600년 고도(古都)답게 임금님이 사시던 많은 궁전을 설명하면서 경복궁 근정전을 보여 주었다.

이어서 서울이 얼마나 편리한 도시인지, 현재 11개의 지하철 노선에 언제, 어디서든 이용할 수 있는 빠르고 깨끗한 지하철과 버스를 소개하고 환승할 수 있는 교통카드도 소개하였다.

마지막 팁으로 한국 사람들은 외국인에게 아주 친절하다고 했다.

글을 쓰다 보니 서울이 더 그립고 얼마나 아름다운 도시인지를 한 번 더 생각하는 시간이 되었다.

문화 공간도 많고 박물관도 설명해야 되는데 제한 시간이 있어 이 정도로만 하였다.

Welcome to Korea!

Welcome to Seoul!

나의 스승은 나이

2월 27일, 오늘은 3 Session의 마지막 시험 날이다.

다음 학기에는 중간에 스페인 산티아고 여행 계획이 있어서 실제 온전히 공부하는 걸로는 마지막 학기이다. 그래서인지 마치 졸업 시험 같아서 다 치르고 나올 때의 기분은 왠지 홀가분하고 서운했다.

집에 와서 컴퓨터로 확인해 보니 성적은 대체로 괜찮았다. 그러나 이번 학기에는 Intermediate 2를 반복하려고 한다. Advanced class는 대학 진학을 위한 과정이라 아카데믹하고 거의 Writing 위주로 문법과 형식에 맞추어서 Essay 쓰는 게 너무 많은 것 같아서 실생활에 필요한 말하기와 듣기 중심의 실용영어를 더 배우고 싶기 때문이다.

대부분 학생들의 Level change는 업그레이드를 원하기 때문에 상담을 거친 후 Test를 보지만 나는 업그레이드를 원하지 않고 같은 Level의 반복을 원하니까 별 문제될 것은 없을 것이라 생각했다.

한 학기를 마치며 가장 마음에 남는 Patrick 교수에게 감사의 메일을 보냈다. 여행을 좋아하며 여유 있고 의도적으로 가르치는 그의 교수법과 따뜻하고 인간적인 마음을 그냥 지나치고 싶지가 않았기 때문이다. 수업 끝나고 집에 가는 길에 사무실에 들러서 멕시코 캔쿤에서 산 작은 물고기 장식을 선물로 주었더니 입을 활짝 벌리고 얼굴을 붉히며 웃는다. 페루에서 여섯 달을 눌러 살면서 여행을 했다는 참 멋진 젊은이다.

고마운 것을 고맙다고, 사랑하는 마음을 사랑한다고 나타낼 수 있는 용기를 가르쳐 준 스승은 '나이' 이다.

일찍 저녁을 먹고 한가롭고 여유로운 기분으로 아파트 주변을 산책했다.

언제나 느끼는 것이지만, 이곳의 하늘은 너무 아름답다. 쏟아질 듯이 수많은 별이 다 보이고 1등성, 2등성, 3등성의 밝기가 색깔별로 확연히 달리 보인다. 달은 또 왜 그리 예쁜지, 초승달이 또 다른 하나의 커다란 초승달 위에 금박으로 띠를 두르고 다소곳이 커다란 볼(bowl)에 담긴 것처럼 떠 있다.

살에 닿는 바람의 촉감이 말할 수 없이 부드럽다. 이것이 한겨울의 날씨라니!

분명 애리조나의 겨울은 하느님의 선물이다.

한국에선 새 학년이 시작되는 3월.

오늘은 Spring 2 Session의 첫 수업일이다. 첫날 정해진 학급에 가기 위해 미리 AECP 사무실에 전화를 했다. 여행 가기 전에 그러한 사정을 Assistant와 Adviser에게 각각 메일을 보냈는데 답장이 없더니 전화 대답 또한 신통치가 않았다. 유급을 하기엔 성적이 좋은 편이라 수업의 분위기가 부드럽지 않을 수 있다는 것이다.

물론 그럴 수 있다. 하지만 업그레이드하겠다는 것도 아니고 같은 Grade 공부를 한 번 더 하겠다는데……. 할 수 없이 남자 Adviser에게 이유를 설명했다. "이번 학기가 나의 마지막 공부이고 나는 작년에 퇴직을 하고 나의 미래를 설계하기 위해 왔다. 따라서 나는 ASU대학 진학을 위한 공부가 아니다. 나에겐 아카데믹한 공부보다 실용적인 영어가 더 필요하다." 그랬더니 퇴직을 축하한다며 덥석 손을 잡고 흔든다. 이제 됐구나! 생각하고 일단은 Change 허락을 받을 때까지는 원래 Class에 가야 하기 때문에 오늘 첫 수업은 Advanced반으로 갔다.

수업이 끝난 뒤 다시 Office로 와서 컴퓨터로 스케줄 확인을 해 보니 다행히 변경되어 있었다. 우리나라 같으면 쉽게 해결될 별것도 아닌 일로 하루를 보냈다.

이제 마음의 여유를 가지고 마지막 학기를 다닐 수 있어 마음이 편하다.

Class가 끝나고 Activity로 음악박물관(Musical Instrument Museum)에 갔다.

이제 마지막 학기라 생각하니 이런 활동에 관심과 호기심이 더 생겨서 빠지지 않고 가 보기로 했다. 생각보다 흥미롭고 가 볼 만한 곳이었다. 세계 여러 나라의 악기와 음악이 모여 있고 체험실에서는 악기 체험도 할 수 있어 가족 나들이로도 좋은 곳이었다.

미국이나 유럽 음악보다는 중남미와 인도네시아 음악이 특히 인상적이었다. 그러나 아시아의 우리나라 코너 앞에서는 좀 부끄러웠다. 일본이나 중국에 비해 전시 공간도 좁았지만 스크린에서는 조선 시대의 악사들이 연주하는 낯선 궁중음악만 나오고 있었고, 옆에 있는 북한 코너에선 여군 같은 여학생이 씩씩하게 가야금을 연주하고 있었다. 우리의 우수성과 고유성을 알리는데 우리 정부나 여기의 한국 문화원 같은 곳에서 좀 더 투자를 하면 좋겠다.

AECP에 좋은 점이 있다면 Activitiy가 많다는 점이다. 연중 시기에 맞추어 거의 매주 한 번씩 갖가지 행사를 마련하여서 학생들의 마음을

음악박물관

모으고 있다.

그동안 주로 오후 늦은 시간에 하는 까닭에 이런 활동에 참여하지 못했는데 오늘은 맘먹고 학생들이 자주 가는 Tempe Market Place에 있는 영화관에 갔다. 학교에서 함께 대형 버스를 타고 가면 Smoothie 한 잔과 영화표를 준다. 그러면 여러 영화 중에서 마음대로 한 프로그램을 선택해서 보는데 대부분 학생들은 다른 날 갈 수 있는 표만 받고 나와서 Market 주변에서 쇼핑도 하고 시간을 보내며 논다.

한국에서는 종종 저녁 먹고 영화도 보러 가곤 했는데 여기서는 아직 영화관에 가 보질 못했다. 오늘 영화는 'Jump street' 였는데 말은 빠르지만 내용은 생각만큼 낯설지 않고 자막에 한글이 나오지 않는 것 외에는 한국과 똑같았다. 학생들 외에도 노인들이 많았다. 어디 가든 돈 쓰는 곳엔 노인들이 많다.

삶의 여유랄까, 누리고 사는 것이 아름다워 보였다.

오늘은 오후 Elective 한 시간을 빼먹고 ASU의 한국어 박 교수와 함께 점심 식사를 했다. 다음 주는 중간고사(Midterm Exam)가 있어 바쁠 것 같아 미리 하나씩 할 일을 해 두는 게 좋을 것 같아서였다.

학교 주변에 있는 아랍 레스토랑에서 먹었는데 주인은 물론이고 서빙도 남자가 했다. 손님들 대부분이 남자였고 여자는 나를 포함한 외국인만 있었다.

양젖 같은 요거트에 우유를 타 먹는 음료는 별로였지만 Kabab은 생각보다 먹을 만했다.

박 교수는 오늘을 살아가는 일하는 여자로서 공통의 대화가 많고 겸손한데다 열심히 살아가는 모습이 참 마음을 끄는 데가 있는 사람이다. 한국에 가도 서로 연락하면서 좋은 소식을 나눌 것 같다.

여기 와서 더 느끼는 건 정말 한국인은 우수한 민족인 것 같다. 많은 한국인이 우리나라에만 머물지 말고 외국에서 실력과 기량을 폈으면 좋겠다.

여기 AECP에도 외국인들과 어깨를 겨누는 젊은 한국 여자 교수가 있고 ASU에도 한국인 교수가 몇 분이나 계시단다. 실력과 인품을 갖춘 한국인을 도처에서 만날 수 있는 날이 이미 와 있음을 본다.

4월의 첫날, Spring 2학기의 중간고사가 있는 주말이어서인지 공부할 게 어찌나 많은지!

젊은 교수의 열정은 이해하나 이번 Listening, Speaking은 과제가 좀 벅찬 편이다. mp3로 보내주는 교재를 듣고 내용을 정리해 가는 과제도 그렇고 CNN 뉴스를 듣고 내용을 요약하여 써 가는 것도 그렇다. 자꾸 듣다 보면 나아지는 것을 기대하여서겠지만 여러 번 반복하여 들어야 하니 시간이 너무 걸렸다. 하기야 이런 공부를 내가 언제 또 해 보겠나!

산티아고 도보 순례 계획으로 이 시험만 끝나면 사실상 나의 공부가 끝나는 것이어서 마음이 들뜬 건 아닌지 모르겠다. 그래도 Speech test 준비로 Power point 내용과 원고를 맞추어 가며 외웠다. 끝나는 날까지 최선을 다해야지!

쉽지 않은 공부였지만 끝이라고 생각하니 벌써부터 아쉽다.

Classmate Mohammed!

지난 학기 때 Classmate였던 Mohammed!

언어가 다르고 피부색이 달라도 대화가 통할 수 있음을 느끼게 해 준 학생이었다.

처음 그 애를 만난 건 같은 선택과목인 Everyday English 시간에서였고 그때도 가끔 파트너가 되어 같이 공부하기도 했는데 다시 같은 반에서 만났다.

사우디아라비아는 나라가 넓어서인지 곱슬머리에 약간 짙은 피부색에 쌍꺼풀이 또렷한 전통 아랍인뿐 아니라 아프리카 쪽에서 온 아랍인 등 여러 모습의 사람들이 많고, 여자들에게는 비교적 친절하지 않은 편인데 Mohammed는 다른 사우디아라비아 학생들과는 달리 매너가 있고 하얀 피부의 깔끔한 인상이 European 분위기를 풍기는 아랍

Classmate Mohammed와 함께

인이다.

이번 학기에는 Speaking 시간에 Commercial speech의 한 조가 되어 'Dream machine' 이란 주제로 원고를 써서 같이 연습하고 소품을 준비하며 발표하느라 더 가까워졌다. 약간 Comic한 내용으로 꿈을 이루어 주는 기계를 만들고 이것을 판매하기 위해 선전하는 것인데, 여자의 5가지 콤플렉스를 소재로 썼다. 몸무게를 5kg 줄여 주고 키를 5cm 키워 주며, 나이를 5년 젊게 해 주어 5배로 아름답게 될 뿐 아니라 5배의 수입을 보장해 준다는 꿈의 기계를 선전하였는데 내용과 연기가 좋다고 최고인기상을 받아서 서로 기분이 좋았다.

나의 늦은 공부에 격려도 해 주고 자기 집안 얘기도 하고 마음의 갈등을 얘기하기도 했다. 모스크와 아랍 레스토랑에 같이 가기도 한 친구인데 지난번 강의실 가다가 마주쳤을 땐, 서로 갈 길이 바쁜데도 자기 배낭을 뒤지더니 내가 준 한국 전통무늬 책갈피를 내보이며 늘 갖고 다닌다며 자랑했다.

산티아고 순례 갔다가 아무 연락도 없이 한국으로 가기엔 좀 서운할 것 같아서 같이 점심을 먹으며 마지막 대화를 나누었다.

이런 젊은이가 내일의 사우디아라비아를 짊어지고 가겠지!

삼촌이 한국에 갔다 온 적이 있어 우리나라에 애정을 갖고 있다는 Mohammed! 잘 배워서 자기의 희망대로 엔지니어의 꿈을 실현하길 빌며 헤어졌다.

오늘은 처음 AECP에 와서부터 만났던 '준' '지' '홍'과 마지막 회식을 하였다. 차츰 만나는 한국 학생이 늘었지만 처음 서로 어렵고 외로웠을 때 만났던 애들이라 정이 조금 남달랐다.

여러 명이 모여 식사하던 것과는 달리 오늘은 제법 분위기가 있어 학생들이 자주 오지 못하는 가스등과 정원이 있는 레스토랑에서 식사를 했다. 그동안 함께 공부했던 기억들을 감미롭게 되새기며 석별의 마음을 나누었다. 여기서는 같은 학생의 신분으로 만나서 같이 지냈지만 한국에 가면 다시 어른과 젊은이로 제 길을 갈 사람들!

나중 한국에 가서 학교 졸업하고 돈 벌게 되면 맛있는 것 사 준다고 했다. 기다려 볼까?

한국 가서 다시 만나게 될지 모르지만 아름다운 시간을 함께 보낸 젊은이들이다. 좋은 기억으로 남게 되길 바라며…….

3학기 동안 Assistance한 한국어과 학생들과 작별 인사를 했다. 세계의 젊은이들이 한국어를 배우겠다고 스스로 모이는 이 모습은 보는 것만으로도 행복하다. 그동안 서로에게 유익한 시간이었다고 생각된다.

사실 한글이 외국인에겐 훈민정음의 원뜻처럼 배우기 쉽고 쓰기 쉬운 외국어는 아니겠지만 그만큼 표현이 다양하고 맛깔나는 말과 글을 학생들에게 한국어로 번역해서 가르치는 일은 보람 있고 의미 있는 일이었다.

애초 봉사하는 뜻에서 시작한 일이라 어떤 학기에는 점심도 거르면서 했고, 어떤 학기엔 수업이 끝난 후 따로 시간을 내어서 갔다. 그래도 재미있고 의미 있는 시간이었다고 인사하며 역시 아쉬운 작별을 하였다.

마침 이번 여름에 한국 연세어학원에 지금의 나처럼 한국어를 배우러 오는 학생이 Rick을 포함하여 3명이나 있어 한국에 오면 연락하기로 하고 Facebook 주소를 주고받았다. 그들 역시 한국에 오면 외국인으로서 겪는 어려움이 있을 터인즉 도와주고 싶은 내 마음을 전했다.

수업이 끝나고 Conversation 시간에 갔다. 이 시간도 오늘이 마지막 수업이다.

한국에서 원어민 교사를 한 적이 있는 Sarah와는 지난 학기부터 5~6명의 학생들과 함께 매주 Conversation 시간을 가졌는데 낯선 교정에서 한국말을 하는 외국인을 만났을 때의 반가움이란 이루 말할 수가 없었다. 같은 Group의 다른 학생들과도 Facebook에서 만나기로 하고 아쉬운 작별을 고했다.

지난 학기에는 너무 복잡하여 가지 않았던 Lunch chat에 갔다. 여기

마지막 Lunch chat

서 알게 된 한국 학생들과 학교에서 차려 주는(?) 만찬에 함께 모이자는 말도 있었고 이것도 마지막 체험이라 생각하면서 갔다.

아쉽고 다소 감상적인 생각까지 들었다.

내가 언제 또 여길 오게 될까?

언제 다시 캠퍼스 생활을 할 수 있을까?

참으로 귀하고 값진 경험을 한 AECP!

이번 주는 마음이 바쁜데 유난히 과제도 많았다.

식사하면서 만난 각 과목 교수님들께 이번 주로 공부가 끝남을 말씀드렸다. Fail을 각오하고 산티아고 성지순례를 간다고 하니 모두 Good choice!라며 위로해 주셨다.(일주일 이상 결석하면 자동 유급인데 나의 산티아고 여정은 2주이다)

Elective class 교수 Hedi는 껴안으며 아쉬워했다.

좋은 사람들! 기억 속에 잘 간직하고 가야지!

8주가 한 학기로 되어 있어 교수가 자주 바뀌지만 그래도 마음에 남는 분이 있어 덜 외로웠다.

이제 헤어지면 다시 만나기 어렵다는 생각을 하니 아쉬운 마음이 들어 카드와 아주 작은 선물을 준비하였다.

첫 학기의 Reading Writing 선생님인 예쁜 아랍 여자 Sulaf, 나의 아들보다 2달 먼저 첫 아기의 아빠가 된 Nick, 아주 총명하고 지적인 Hedi, 여행을 좋아하는 바람 같은 남자 Patric은 아르헨티나 여행을 가서 못 만났지만 서로 고마워하고 헤어짐을 아쉬워했다. 학교에서 많은 시간을 함께해서인지 서로 잘 기억들 하고 있었다.

이들의 특징은 다 젊고 유능한 젊은이들로서 열심이고 자기 삶을 사랑한다는 공통점이 있었다. 나이를 떠나서 자기를 잘 관리하고 열심인 사람이 나는 좋다. 이런 사람들이 있어 세계는 발전하고 있는 것이겠지!

4월의 따뜻한 햇볕을 받으며 일찍 수업을 끝내고 남편과 함께 Campus tour를 했다.

마누라 등살에 밀려 먼 나라에 와서 생고생하면서도 불평 없이 학교생활 내내 아침에 태워 주고 저녁에 데려가고…….

하루도 거르지 않고 Ride하며 용기와 힘을 준 고마움에 대한 작은 보답이라고 해야 할지…….

내가 좋아하던 Haydn Library, Parm street, MU 광장 앞을 감회에 젖어 거닐며 얘기도 하고 사진도 찍었다.

나에게 너무 값진 시간을 선물한 고마운 짝!

다음 월요일부터 산티아고를 향한 긴 여행이 시작되지만 졸업 여행이라 생각하고 학교 행사인 Sedona trip에 갔다.

아름다운 풍경과 화랑과 예쁜 성당이 있어 내가 좋아하는 Sedona! 언제나 또 오고 싶은, Arizona에서 가장 기억에 남을 아름다운 곳!

가는 동안 갑자기 비바람이 불더니 눈보라가 휘몰아쳤다. 여름 속의 겨울! 난 추워 죽겠는데 애리조나 사람들은 물론이고 난생처음 눈을 보는 아랍 학생들과 인도네시아 애들이 좋아서 난리다. 아침에는 피곤도 하고 날씨도 추워서 가지 말까 잠깐 망설였는데 참 기억에 남는 여행이 되겠다.

특별히 오늘은 한국 학생들이 이모의(학생들이 부르는 이름) 졸업 여행이라고 함께 사진도 찍고 즐겁게 해 주었다. 처음으로 한국인 Classmate가 된 착한 '현'과는 Jeep tour도 같이하며 사진도 찍었다. 이제 5월 3일 졸업 lunch만 남았다.

마지막 수업!

4월 13일, 마지막 수업일!

학교 가는 길에 Dunkin Doughnuts에 들러 빵 2상자를 샀다. 교수님께 Break time 전에 10분 만 달라고 해서 시간을 얻은 뒤 아쉬운 이별 인사를 했다.

교수님이 먼저 소개 말씀을 해 주시자 애들도 아쉬워하며 졸업

마지막 수업 후

lunch 때 꼭 만나자고들 했다.

마지막 과제는 되돌려 받을 수도 없지만 제출했다. 마지막까지 최선을 다하는 어른의 모습과 한국인의 좋은 이미지를 위해서…….

뚜렷이 할 일이 없는데도 수업이 끝나고 2시간 정도 학교에 더 머물면서 여기저기 눈도장을 찍었다.

아듀~!

나의 마지막 학생 생활이었던 ASU어학연수여 안녕!

제3부

미국, 미국이란 나라

거기 그대로 II
(72×37×83)

미국 맛보기

Halloween Day!

10월의 마지막 날. 죽음의 신을 피하는 의식에서 시작되었지만 요즘은 귀신이나 마귀 분장을 하고 가면을 쓰거나 얼굴에 페인팅을 하고 돌아다니며 즐기는 날이다. 가게 점원이나 식당 종업원들도 나름의 특이한 복장을 하며 집 앞에 호박으로 만든 귀신 탈이나 호박 조명등을 걸어둔다. 어린이들이 "Trick or treat?"(사탕 안 주면 짓궂은 장난 칠 거예요!) 하면서 이웃집을 돌면 어른들은 사탕이나 과자를 주며 즐기는 미국 전통 명절인 Halloween Day!

이곳 문화도 익힐 겸 동네 공원과 백화점에 갔다.

얼마 전만 해도 귀신 가면과 특이한 옷을 입은 아이들이 이웃집을 돌아다니면 어른들이 미리 준비한 과자나 초콜릿을 주었다는데 요즘은 미국도 아동 보호 차원에서 낯선 어른들이 주는 음식이나 친절을 경계한다고 한다.

하기야 이웃끼리 서로 왕래도 하지 않고 바쁘게 사는 사람들이니 사탕을 사서 이웃집 어린이들에게 줄 만한 여유를 갖고 있는 사람이 없어 보이기도 했다.

그런 줄도 모르고 이런 행사에 참여해 보려고 동네 꼬마들을 위해 큰 초콜릿 한 봉투를 샀다가 도로 바꾸었다. 그러나 백화점이나 큰 가게에는 비교적 안심하고 아이들끼리, 혹은 가족 단위로 특이한 복장을 하고 다니면서 초콜릿이나 사탕을 얻으러 다닌다. 아마 1년 먹을 것을 다 준비하려는 듯, 여러 모양의 큰 통을 들고 다니며 이집 저집 가게마다 얻는 아이들도 있었다.

초등학생인 조카의 딸도 예쁜 드레스와 모자를 쓰고 다니면서 사탕을 수집해 왔다. 지나가는 나한테도 뱀파이어 복장을 한 가게 아저씨가 초콜릿을 주었다.

Halloween Day 모습

학교에서도 Halloween Pumpkin Carving Contest(호박 조각 대회)와 호박 장식을 한 옷을 입고 여러 행사를 하고 있지만 남편과 함께 이런 색다른 경험을 하려고 얼른 집으로 왔다.

어렸을 때 내가 살던 곳에서는 정월 대보름날 동네 아저씨들로 구성된 농악대들이 집안의 잡귀를 몰아내기 위해 지신(地神)을 밟는다며 온 집안을 돌아다니며 장구와 꽹과리, 북을 치며 즐기던 모습이 생각났다. 나라는 달라도 복(福)을 비는 풍습은 비슷한 것 같다.

오늘은 길거리도 보기 드물게 다른 날보다 사람이 많아서 차가 천천히 다니고 있었다. 시내의 어떤 호텔 앞에서는 흡혈귀 분장을 한 종업원이 깜깜한 방에 손님을 들게 하여 깜짝 놀래키는 귀신놀이를 하느라 비싼 입장료를 내고 입장하려는 젊은 남녀의 줄이 엄청 길었다.

더운 여름엔 길에서 사람 구경을 못해서 참 신기했는데 날씨가 시원해져 여기저기 사람들이 다니는 것도 신기하였다.

어른 아이 할 것 없이 나라마다 즐기는 풍습이 있다는 건 참 재미있는 일이라 생각되었다.

Thanksgiving Holiday

11월 마지막 목요일부터 시작되는 Thanksgiving Holiday를 맞이하는 기쁨을 함께 누렸다.

우리나라의 추석 같은데 도든 직장과 학교, 심지어는 슈퍼마켓까지 쉬면서 온 가족이 함께 모여 즐기는 미국에서는 크리스마스 다음가는 큰 명절이다.

나도 학교가 쉬는 4일간의 휴가를 조카네와 함께 LA 동쪽에 있는

Parm Spring에 가기로 했다.

중간에 휴게소에 내려 Information center에 들렀는데 머리가 허연 할아버지가 친절하게 설명해 주시며 여러 자료를 주셨다.

여기서 느낀 또 좋은 것 중 하나는 일하는 노인들이 많다는 것이다. 요즘은 여기도 젊은이들이 직업을 갖는 일이 그리 쉬운 일이 아니라고 하지만 주유소나 하이웨이 휴게소, 관광안내소, 일반 가게에서 굳이 젊은이가 하지 않아도 되는 일은 노인들이 많이 하고 있다. 정정한 노인들이 일하는 모습이 보기 좋기도 하고 부러운 생각도 들었다.

인상 좋은 할아버지 안내원이 강추(强推)하신 산자신토 산(Mt. San Jacinto)에서 눈 쌓인 겨울 경치를 보면서 케이블카를 타고 거의 백두산 높이까지 가는데 경치가 아주 아름다웠다. 코스가 좀 길긴 하지만 우리나라 설악산의 권금성을 가는 것 같았다.

여기선 휴일을 날짜로 정하지 않고 금 또는 월요일로 정하여 해마다 연휴를 즐기고 있어 미국인의 실용성을 보는 것 같았다.

우리나라의 연휴도 이랬으면 좋겠다.

Thanksgiving Day 동안은 우리나라의 추석같이 직장 일로 헤어져 있던 가족들이 함께 모여 집에서 만든 Turkey 요리와 Cranberry, Potatoes, Salad, Fishes, Pumpkin pie, Cake 등의 많은 음식을 연휴 내내 먹고 TV나 Video를 보면서 즐기는데 우리나라의 씨름처럼 즐기는 운동경기가 바로 미국인들이 열광하는 Football이다. 또 많은 집들이 크리스마스트리를 장식하듯 호박 조각에 조명등을 달아 현관 앞에 장식을 하고 즐기기도 한다.

이때 빼놓을 수 없는 것이 Black Friday—금요일 밤 0시에 문을 여는 백화점과 Mall의 Big sail이다. 유명한 Outlet에는 대낮부터 줄을 서고 심지어는 텐트까지 치고 기다리는 진풍경이 벌어진단다.

기왕 미국의 문화를 배우러 왔으니 어떤지 궁금하여 유명한 Desert Hills Premium Outlets에 목요일 밤에 갔더니 그야말로 인산인해! 주차할 곳이 없어 아예 내리지도 못했다. 미국에 와서 이렇게 많은 사람을 본 건 처음이었다.

아무리 쇼핑을 안 하는 사람이라도 이 기간에는 다 하는 것 같았다. 2~3시간씩 줄을 서서 몇 사람씩만 들어가는 쇼핑은 다 그만큼의 이유가 있기 때문인데 특히 중국 사람들은 작은 가게를 차려도 될 만큼씩 사는 쇼핑 모습이 재미있었다.

먼 길 간 게 아까워서 줄이 제일 짧은 한 군데서만 겨우 샀는데 가격이 정말 착했다. 비교적 값이 싼 평소 가격의 절반도 안 되는 값이니 우리나라와 비교하면 엄청 차이가 나서 더 사고 싶었지만 밤새 기다려야 할 것 같아 엄두를 못 내고 돌아온 게 아쉽기만 했다.

시장 풍경 사는 모습

주말은 언제나 즐겁다.

집으로 오는 길에 Anthem에 있는 아울렛에 갔다. 특별한 세일은 아니어도 백화점이나 일반 Mall보다 가격이 낮아 즐거운 쇼핑을 할 수 있어 좋다. 어떤 곳은 80% 세일을 하는 곳도 있어 부담도 적지만 재미도 있다.

그런데 여기에도 우리나라처럼 9를 좋아하는 것 같다. 모든 가격에 99.99$ 199.99$ ……. 끝에 .99$이 많고 아예 99센트 가게도 있다.

실제 가격 차이는 아무것도 아니지만 심리적으로 소비자를 유혹하는 건 어느 나라나 똑같나 보다.

여기 와 보니 기본 생활비용은 참 적게 드는 것 같다. 식품비, 휘발유값, 물값, 옷값… 모든 게 싸서 서민들이 생활하기에는 어려움이 없을 것 같이 느껴진다. 그러니 100$이면 쓸 게 너무 많은 게 당연할 뿐 아니라 아예 100$ 지폐를 갖고 다니는 사람이 없다. 대체로 우리나라 물가의 40% 정도쯤 되는 것 같다. 넓은 국토에 풍부한 자원! 참 축복받은 나라라는 생각이 든다.

마침 쇼핑하러 온 기아 타이거즈 프로야구 선동렬 감독과 이순철 코치, 이종범 등 여러 선수들을 만나서 반갑게 인사를 나누고 사인도 받았다. 유명한 분들이지만 친절하고 다정하였다. 이곳은 날씨가 따뜻하여 선수들이 한국에서 전지훈련하러 많이들 온다고 한다.

이곳 애리조나에서는 11월 말부터 이듬해 3월까지 미국의 북쪽 지방이나 캐나다 사람들이 추운 겨울을 나기 위해 철새처럼 옮겨 와 4개월 정도 머물면서 생활하는 사람들이 있는데 이들을 Snow birds라 부른다.

이 사람들이 여기 머물면서 소비하는 돈이 이곳의 경제를 많이 돕는다고 하는데 올해는 미국 경제도 옛날만 못하여 Snow birds들이 평년보다 많이 줄었다고 한다.

그 말도 그럴듯한 게 5개월 전만 해도 1gallon(3.765리터)당 3.07$ 하던 휘발유가 3.50$까지 올랐으니(1L당 1,060원 정도) 많이 오른 셈이다. 가격은 우리나라의 절반 수준이지만 워낙 넓은 곳이라 운전하는 거리가 멀다 보니 결국 가격이 비슷한 편이다.

이곳 애리조나도 몇 십년 만에 겪는 경제 불황이어서 실업자들이 많고 집값이 폭락했다고 한다. 그런데 수영장과 차고는 물론 넓은 정원이 있고 입구엔 Gate가 있는 근사한 집이라도 서울의 아파트값과 비교하면 너무 싸서 처음엔 많이 놀랐다.

아무튼 미국 경제가 세계에, 우리나라에 미치는 여파가 큰 만큼 빨리 회복되었으면 좋겠다.

우리 동네 스케치

길벗 시(Gilbert city)의 이름도 아름다운 과달루페(Guadalupe Rode).

악을 물리친 여인인 성모님이 지켜 주신다는 뜻을 가진 멕시코에 있는 성지(聖地) 이름과 같다.

One bed, Two bed, Three bed가 있는 제법 다양한 아파트. 사철 잔디가 푸르고 겨울에도 더운 김이 나는 야외 풀장과 헬스장이 있어 아무 때고 운동할 수 있고 군데군데 바비큐 조리대가 있어 고기를 구워 먹을 수 있게 해 놓았다.

비싼 동네는 아니지만 제법 깔끔하고 입구 게이트에는 카드로 출입을 통제하여 보안에도 신경을 써 준다. 그래도 밤에 산책할 땐 총기를 자유롭게 소지하는 이 나라의 법 때문에 약간 겁이 나기도 한다. 어디에서 묻지 마 총탄이 터질지 모르기 때문이다.

아마 이 동네에선 우리가 가장 늦은 시간에 산책하는 팀일 것이다. 바로 집 앞에 풀장이 있어 처음엔 수영을 좀 해 볼까도 했지만 시간이 안 맞아 끝내 하지 못했다. 동네 풀장이라 주로 어린아이들과 젊은 부모들이 많은데 어떨 땐 추워서(여기도 나름 4계절이 있다) 잠바를 입고 다니는 밤인데도 수영하는 사람들이 있다. 우리하고는 피부 두께가 다른가?

집이 수영장 근처이다 보니 사람들이 자주 지나다니는데 창문이 열린 여름에도 어느 누구도 집 안을 들여다보는 사람이 없다. 무의식적으로라도 시선이 머물 텐데 오히려 고개를 반대 방향으로 돌려서 지나가니 어릴 때부터 그렇게 교육을 받았나?

이상한 사람을 만나도 고개를 돌려 쳐다보는 법이라곤 없다. 남의 개인사(Privacy)에는 관심이 없다는 뜻인가? 지내다 보니 그런 점이 편하기도 하다.

그래도 산책하다 만나면 너나없이 인사는 잘한다. 미소 만발! 차창으로 보행자와 눈이 마주쳐도 어김없이 웃는다. 얼마나 좋은가!

우리나라 엘리베이터 안에서 어색해서 눈 둘 곳을 못 찾아 숫자만 보며 침묵을 지키는 모습과는 사뭇 다르다. 미국인의 이 미소는 정말 큰 재산이라 생각된다.

주민은 주로 백인이지만 인디언, 멕시칸처럼 살짝 검은 피부, 아주 검은 African American, 우리 같은 Asian 등 다양하다.

One bed에는 Single이 많이 산다. 늑대만한 개와 함께 살며 사납게 짖어 대는 개만큼 무서운 인상의 옆집 아줌마나 살찐 고양이와 함께 살며 항상 담배를 피우는 앞집 아줌마도 다 Single이다.

그래도 이들은 개나 고양이와 운동하느라 자주 나오고 가끔씩 차를 몰고 일하러 다니기도 한다.

수영장이 있는 우리 집 앞엔 동네 꼬마들이 자주 모여 노는데 애들에겐 정확한 발음의 예쁜 영어를 들을 수 있어 영어 실습도 할 겸 가끔

말동무가 되어 같이 놀기도 한다.

911과 119

운전하고 가다 보면 자주는 아니지만 요란한 사이렌을 울리는 구급차나 경찰차를 볼 때가 있는데 그 풍경이 우리와는 많이 다르다.

속도를 줄이는 정도가 아니라 사이렌 소리가 나고 구급차가 보이면 어떤 차든지 모두 제자리에 선다. 놀라운 것은 같은 방향의 차뿐만 아니라 반대편 방향의 차들도 다 멈추어 선다. 그래서 구급차는 차선에 관계없이 빠른 길로 달려가고 그 차가 사라진 뒤에라야 모든 차들이 움직인다.

물론 길이 넓어서 그렇기도 하겠지만 기본적인 것은 마음의 여유가 아닐까? 우리나라에서 꽉 막힌 거리에서 신호에 걸리고 차들에 둘러싸여 꼼짝 못하고 있는 구급차를 보고 참 딱한 생각이 든 때가 있었다.

911, 119 숫자는 비슷하지만 움직이는 모습은 다르다. 제 역할을 다 하기 위해서 어떻게 하는 게 좋을지 답은 간단한데.

여기선 차가 곧 발이다.

학교 가는 길도 멀고 어디를 갔다 하면 차를 타지 않으면 꼼짝도 할 수 없는 곳이 미국이기도 하지만, 충분히 걸어도 될 거리인데 아무도 걸어갈 엄두를 내지 않는다. 어디서 날아올지 모르는 총알 때문은 아닌지.

실제로 LA(로스앤젤레스)의 은행도 방탄유리로 객장과 내부를 구분하고 있었고 이곳 피닉스(Phoenix)의 다운타운(Down town)도 두꺼운 방탄유리와 쇠창살 안에서 일하는 은행원을 보면서 놀란 적이 있었다. 세계 제1을 자랑하는 선진국에서도 마음대로 안 되는 문제가 있나 보다.

그에 비해 우리나라의 은행은 얼마나 쾌적하고 안전한가!

어떨 땐 나도 집 근처의 슈퍼마켓에 가야 할 경우에 건널목만 건너면 되는데도 걷게 되지를 않는다. 아무도 걸어 다니는 사람이 없으니까 좀 두려운 마음이 들기도 하고 어쩌다 걸어 다니는 사람들은 주로 Homeless로 보이는 사람들이다. 또 때로는 가만히 서 있어도 땀이 나는 날씨에 'Buy Gold' 라는 피켓을 들고 길에 혼자 서 있는 남루한 사람을 보면 '세계 최강국인 미국에서 저런 모습의 홍보는 또 뭐람?' 하는 생각이 들기도 한다.

서울에선 새로운 매장을 홍보할 때 늘씬한 아가씨들이 커다란 풍선과 함께 춤추며 눈길을 끌기도 하는데 참 많이 다르다는 생각을 하며 웃는다.

Arizona의 Sedona

세도나는 애리조나가 자랑하는 관광지이다. 그리 멀지도 않고 아름답기로는 그랜드캐니언 못지않은 곳이다.

언제 와도 과연 Arizona의 명승지답게 멋있고 거대하다. 붉은 흙에서 내뿜는 기(氣)가 느껴지는 것 같기도 하고 우리나라 남도의 어느 곳을 걷는 기분이 들기도 한다.

안내소에서 정보를 얻어서 Jeep tour를 하였다. 비포장도로로 계곡을 2시간 정도 다니는데 어찌나 덜컹거리는지 배가 고플 지경이었다.

마침 아이다호에서 온 미국 관광객과 함께 탔는데 감탄사를 어찌나 연발하는지 나이 많은 운전사가 심심하지는 않겠다 싶었는데 급기야는 감격의 눈물까지 흘렸다.

나도 그리 무덤덤한 편은 아닌데 서로 마주 보며 웃었다 울었다 하는 게 우리네 감정으로는 이해가 안 되었다. 무슨 사연이 있는 곳인가?

감정 표현이 심한 건지 자유로운 건지 아들 여자 친구까지 있는데 쪽! 쪽! 소리 내며 키스를 해 대더니 '키스바위' 라는 곳에 오니 아주 공개적으로 더 오래 키스하고 어쩔 줄 몰라 한다. 젊은 쌍은 젊은 쌍끼리, 어른은 어른끼리……. 참 가관이었다.

2시간 동안 얼마나 흔들렸는지 배가 다 고팠다. 편리한 포장도로를 만들면 되겠지만 여기를 오가는 많은 Jeep 기사들이 있는 한, 임산부는 절대 탈 수 없을 것 같은 이 도로는 결코 포장되지는 않을 것이라는 생각이 들었다.

살짝 한기(寒氣)가 느껴지는 11월의 흐린 오후에 일몰을 준비하는 하늘이 온통 주황이다.

예쁜 Gallery까지 다 구경하고 Sedona의 기(氣)를 상징하는 붉은색의 바위, 하늘빛을 담은 엽서 몇 장을 샀다.

캐니언 호수(Canyon lake)와 토틸리아 플랫(Totilia flat)

달력으로는 겨울의 한가운데인 1월이지만 날씨가 정말 좋다. 편안한 아침을 먹고 짧은 티셔츠에 카디건을 걸치고 드라이브에 나섰다.

캐니언 호수(Canyon lake)와 토틸리아 플랫(Totilia flat).

사막 가운데 그렇게 큰 호수가 있다는 게 신기했다. 물이 아주 깨끗

토티아 플랫 레스토랑의 1$ 도배

하고 주변엔 캠핑장과 가족 나들이나 행사할 수 있는 공간이 잘 정리되어 있었다.

멕시칸들과 인도 사람들이 가족, 이웃들과 나들이 왔는데 아이 어른 할 것 없이 연 날리고 요리하며 즐거운 시간을 보내고 있었다. 눈만 마주치면 손 흔들고 인사하고……. 마치 손님 대하듯, 몸에 밴 친절이다. 환대에 호응하여 토티야(멕시코 전통음식으로 밀가루 전 같은데다 여러 가지 음식을 쌈)를 같이 먹었다.

호수를 지나 좀 더 차를 타고 가니 주민이 통틀어 6명뿐인 산속의 조그만 동네 Totilia flat이 나왔다. 넓게 펼쳐지면서 겹쳐 보이는 높고 낮은 산, 깎인 바위, 그 바위 위의 파란 이끼, 선인장, 야생화…….

가는 길이 너무 아름다워 가슴이 뭉클했다. 큰 자연을 작은 카메라에 다 담기가 벅찼지만 자주 카메라를 누르며 갔다.

레스토랑 안엔 듣던 대로 벽을 온통 1$짜리 돈으로 도배를 해 놓았다. 전 세계에서 온 관광객들이 붙여 놓은 것이라는데 합치면 3만$이 넘는다나?

세월이 흘러 빛바랜 사진처럼 카우보이들이 살던 곳들과 금을 캐러 오던 사람들이 잠시 머물던 역마차의 정거장이었다니 우리나라의 말죽거리 같은 곳이다.

우리는 지명도 모습도 다 변해 버렸지만 땅덩어리가 넓은 여긴 그대로 살려 두어 지금껏 돈 벌이?까지 하고 있었다.

마을 안의 작은 교회에선 43년을 맞은 노부부의 결혼기념식이 있어 분주했다. 핑크빛 드레스를 차려입고 모자에 깃을 꽂고 온갖 멋을 다 낸 할머니와, 하얀 수염에 배가 불룩한 할아버지가 들뜬 모습으로 축하객을 맞고 있었다. 오랜 세월 동안 비바람에 깎이면서 만들어진 이곳 자연의 모습처럼 아름다웠다.

붐비지 않는 관광지, 전봇대만큼 키 큰 즐비한 선인장들과 야생화, 광활한 하늘과 살아 있는 구름들…….

마음이 쏙 끌리는 곳이다.

평생 마신 것보다 많은 콜라

서울에서는 바쁜 일상에 쫓겨 다이어트할 여유도 없었지만 여기 온 김에 운동도 하면서 다이어트를 해 볼까? 라는 생각을 잠시 해 보았다.

내 말을 들은 어떤 교포 분이 "여기서 살면 누구나 살이 찐다는 전설이 있답니다." 하면서 웃었다.

음식이 기름지니 그렇겠지. 그런데 외국인들은 다이어트라는 말을 모르는 걸까? 살이 엄청 찐 사람들이 많지만 그런 것에는 별로 신경도 안 쓰는 것 같았다.

어딜 가도 한국처럼 날씬한 성인들은 적고, 나이 들수록 풍성한 사람들을 많이 만나다 보니 위기의식이 없어진 건 아닌지 모르겠다.

그런데 여기 와서 달라진 것은 평소에 유색 음료를 즐기지 않아서 1년에 한 병도 안 마시는 콜라인데, 눈에 보이는 것이 Fast food이고 모든 음식이 기름지다 보니 자연히 속이 시원한 콜라를 자주 마시게 되었다.

여긴 젊은이고 노인이고 구분없이 차에서든 길에서든 손에 커피나 콜라를 들고 다니며 마시는 게 예사다.

평소에 커피를 많이 마시지 않아서인지 위에 부담을 줄 것도 같아 커피 대신 콜라를 마시고, Fast food점에서 뭐라도 먹게 되면 속이 더부룩해서 소화도 도울 겸 또 마시고……. 게다가 음료수가 무한 리필이니 이래저래 많이 마시게 될 수밖에.

그러다 보니 여기 와서 1년간 마신 콜라가 여태껏 60평생 마신 콜라보다 더 많은 것 같다.

입양

나름대로 봉사하는 삶에 의미를 두고 작게나마 실천하려고 노력하며 살았지만 입양만은 선뜻 실천에 옮기지 못하는 어려운 일이었다.

내 아이 둘 키우는 것만도 숨을 헐떡이며 친정어머니의 도움에 의존하며 힘들게 키웠기에 입양은 누구나 쉽게 행동에 옮길 수 있는 일이 아니라고 생각했다.

그러나 여기 와서 보니 그게 아니었다. 미국에 와서 가장 크게 느낀 점이 바로 입양에 대한 생각이었는데, 첫 학기에 Conversation을 강의한 Bob 교수, 다음 학기의 여자 교수의 가족사진에 각각 피부색이 검은 아이가 있었다. 그 애들이 입양한 아이라는 설명 같은 건 없었다. 이미 하나 된 가족이었고 자녀들끼리도 너무 자연스러워 보였다.

나를 더 놀라게 한 것은 Sedona에서 만난 늙은 Jeep 운전사였는데, 그의 설명과 발음이 너무 빨라서 좀 천천히 해 달라는 부탁을 하면서 이야기를 나누다 보니 나의 국적을 말하게 되었고, 그에게 한국에서 입양한 딸이 있음을 알게 되었다. 지금은 결혼하여 잘 살고 있다고 말하는데 아버지로서의 애정이 배어 있었다. 크게 부유한 상류층 사람도 아닌 것 같은데 피부색과 민족에 관계없이 보통 사람들도 입양을 하고 있음을 알게 되었다. 가슴이 찡 하여 내릴 때 아저씨의 손에 팁으로 고마움을 전해 드렸다.

육아에 대한 국가적 지원이 아무리 있다 해도 아이는 어머니 손끝에서 크는 것이라 생각했는데 피부색까지 다른 아이를 입양하여 키운다니 정말 선진국답다는 생각이 들었다.

우리나라도 배로 낳는 자식뿐만 아니라 가슴으로 낳는 자식도 많아지는 날이 오겠지.

부럽다!

미국이 왜 다른 나라보다 살기 좋은 나라인가?

어떤 점이 다른 나라에 비해 좋은가? 내가 와서 본 견해로는

첫째, 장애인의 천국이다.

주차, 보행, 운전, 여행 등 장애인 편의시설이 충분히 완비되어 있고 생활의 모든 면에서 장애인이라서 받는 불편함과 부당한 대우가 없다. 당연히 그래야 하지만 어디나 그렇지 못하는 게 문제다. 우리나라도 지금은 많이 개선되었지만 장애인의 생활은 불편, 불행의 연속이다.

장애가 무엇인가? 자기의 의지와는 상관없이 갖게 된 불편함인데 비장애인이 배려하고 양보하는 것은 너무나 당연한 일이다.

여기에선 장애인이 자신의 장애로 겪는 불편함 이외에 사회가 주는 불편함이 없는 것 같다. 교육제도와 직업, 아무리 힘든 여행길에나 산행에도 장애인을 만날 수 있고 언제 어디서건 그들에게 양보하고 그들 곁에는 늘 봉사자가 따라다닌다.

우리나라에서 장애아를 둔 부모들이 무리를 해서라도 미국에 가고 싶어 하는 이유를 와서 보니 확실히 알겠다.

장애를 감추지도 않고 비참하거나 비굴해하지 않는 것은 생각의 전환이고 국가의 정책적인 배려가 있어서이다. 우리가 본받고 실천에 옮겨야 할 점이라 생각된다.

둘째, 어린이의 천국이다.

요즘은 어느 나라이든 어린이가 대접 받지 않는 나라가 없지만 정책적으로 출산, 육아, 교육이 그야말로 요람에서부터이다. 국가의 지원이 유아에서부터 어린이 모두에게 잘 되어 있어 육아와 교육은 걱정할 것 없고 유괴, 아동 학대 같은 일은 일어날 수가 없다. 경제 수준에 따라 분유값까지 지원해 주는 것은 물론이고 아이를 입양하려 해도 나이

제한이 있어 40세 이후에는 안 된다. 12세 이하의 어린이를 혼자 두고 엄마가 일터로 나가서도 안 되고 학교에서도 지정된 보호자가 아니면 함부로 아동을 내보내지 않는다. 처음부터 좋은 제도 안에서 완전한 인격체로 대접해 주는 어린이 천국이다.

셋째, 여자의 천국이다.

First lady란 것이 말해 주듯 남자가 여자에게 배려하는 것은 기본이다. 약한 자에 대한 배려는 기본이고 폭력, 가정 파괴의 책임이 전적으로 남자에게 있어 이혼으로부터 여자를 보호하는 법은 이미 알고 있는 상식이다. 뿐만 아니라 능력적인 면에서도 남자와 동등하게 대우 받고 육아도 함께하는 것이 보편화되어 있어 일상생활에서 여자가 약자란 생각이 들지 않는다.

넷째, 동물의 천국이다.

애완동물은 이미 가족과 같은 반려동물이고 동물이 누리는 혜택 또한 만만치 않다. 옐로스톤 여행지에서 버펄로가 지나갈 때 모든 차들이 멈추어 서서 그들이 유유히 지나갈 때까지 기다리는 광경은 참 이색적이었다.

동물 학대를 하면 벌금과 형(刑)을 받을 수도 있고 강아지를 굶긴 주인에게 꼭 그만큼 굶게 해 주라는 판결을 내린 경우도 있다고 하니 생명이 있는 동물은 사람처럼 대하는 것 같다. 이만하면 동물도 좋은 곳을 골라서 태어나야 하지 않을까?

다섯째, 노인의 천국이다.

미국엔 혼자 사는 노인도 많지만 노후 보장을 확실하게 해 주니 늙는 게 두렵지만은 않을 것 같다. 젊어서 국가와 가족을 위해 열심히 일한 사람들을 나이 든 뒤에 국가에서 노후를 보장해 줄 뿐 아니라 능력에 맞게 일할 수 있게 해 주니 이것이 진정으로 노인을 대접하는 일이 아닐까?

우리나라의 경로사상, 장유유서 같은 이론적 우대만이 아니라 실제로 그들의 경험과 능력을 인정해 주고 당당히 대접하는 것이 참다운 경로(敬老)라 생각된다.

청바지를 입고 주유소에서 일하는 노인, 관광지 매점에서 판매를 하는 노인, 안내센터에서 일하는 노인들처럼 나이 들어서도 능력껏 일하는 것이 인생을 더 행복하게 사는 것임을 알고 있는 것 같다.

일하는 노인이 많은 나라. 정말 선진국답다.

그리운 인천공항

미국 있는 동안 국내선, 국제선 비행기를 탈 기회가 많았다.

왜냐하면 그게 미국에 온 진짜 이유이기도 한데, 여러 곳에서 여러 사람들의 다양한 모습을 보면서 아름다운 세상과 아름다운 사람을 통해 나를 성숙케 하는 일이 남은 공부이기 때문이었다.

미국은 세계의 모든 사람이 모이는 곳이고 공항은 그런 모습을 집약적으로 보여 주는 곳이다. 그런데 놀랍게도 때로는 불편, 불쾌감을 주는 일이 있다. 이런 기분은 미국의 관문인 공항 입국 심사대를 지나면서부터 시작된다.

애리조나의 피닉스(Phoenix)공항만 해도 16개의 입국 심사 게이트가 있는데 보통 8개가 열려 있다. 그중 자국민이 사용하는 게이트는 5개이고 수적으로 월등히 많은 외국인이 사용하는 게이트는 딱 3군데

뿐이다.

자국민은 간단한 절차만 거치고 휙휙 빠져나가고 우르르 남은 외국인은 꼬불꼬불한 긴 줄을 따라 적어도 한 시간 이상씩 기다리며 심사받고 양손 지문 찍고 게다가 홍채 검사까지…….

거대한 미국이란 나라의 입국 심사는 자국민이 다 나가고 나면 그제야 그 게이트에서도 외국인을 심사하기 시작한다.

기회의 땅 미국에 불법으로 오는 사람을 막느라 그러는지 모르겠지만 다른 관점에서 보면 외국인은 이 나라에 온 손님이다. 손님은 지치고 실망한 후에 겨우 미국 땅을 밟게 된다.

또 일은 어떤가? 느릿느릿 자기들끼리 잡담해 가며 손님에겐 굳은 표정으로 기계적인 질문이나 하고…….

그러니 친절하고 신속한 한국의 공항이 어찌 그립지 않을 수 있겠는가!

실용 우선

재미있는 Return

오늘이 9월 5일, Labor day(노동절)이라 쉬었다. 남의 나라 국경일에 하루 쉬니 그 맛이 아주 달콤했다.

3일 연휴이지만 아직 폭염이라 어디 나갈 엄두가 안 나서 시원한 백화점으로 쇼핑을 갔다. 여긴 쇼핑이 단순한 물건 사기가 아니라 가족끼리 하는 나들이 같은 느낌을 받았다. 문화의 차이라고 해야 할까?

학교 다닐 때 무거운 가방 들고 다니느라 팔이 너무 아팠고 중간에 빈 시간이 많은 화, 목요일에 Note book이라도 가지고 가면 어깨가 너무 아파 들 수가 없어 Backpack을 사기로 했다. 집에서 굴러다니는 배낭이 얼마나 많은데 새로 살려니 아깝긴 하지만 Juicy에서 나온 회색 배낭을 샀다. 멋있었다.

그런데 쓰다 보니 배낭의 끈이 떨어지려고 해서 A/S를 받으러 갔다. 책가방이 얼마나 무거웠으면 사용한 지 두 달도 안 되었는데 벌써 망가지려는지 그 무게가 금방 내 어깨로 전해 왔다.

그러나 수선 들어가면 언제 나올지 모르니 그냥 새것으로 바꿔 가란다. 여기 사람들은 손으로 하는 건 엄청 어려워하나 보다.

검은색은 싫지만 쓰던 것을 새것으로 바꾸어 가라는 말에 솔깃하여 못 이긴 척 바꿔 왔다. 아두리 생각해도 이 나라의 Return제도는 정말 신기하고 재미있다.

암튼 두 달이나 쓰던 것을 새 걸로 바꾸어 가는 맛이 괜찮았다.

또 한 번은 주말에 남편과 함께 Mall에서 신발을 샀는데 집에 와서 신어 보니 신발 장식 땜에 발이 좀 불편하였다. 2주쯤 후에 교환하러 갔더니 마침 세일 중이었는데 가지고 간 것은 그때 산 가격으로 반환해 주고 꼭 같은 새 신발을 세일 가격으로 주었다. 합리적이기도 하고 정직한 것 같아 기분이 좋았다.

가격과 디자인이 다양하니 쇼핑이 자유롭고 교환이나 환불이 자유로우니 쇼핑이 더 편하고 즐거울 수밖에.

옷도 입어 보고 마음에 들지 않으면 얼마든지 Fitting room에 그냥 두고 나오면 된다. 바쁜 직장 여성들이나 주부들이 들어오면 옷을 4~5벌 척척 걸어 가서 바로 계산을 한다. 집에 가서 차분히 입어 보고 맘에 안 들면 영수증과 함께 가져오면 바로 교환할 수 있으니까 그러나 보다. 그러니 가격도 금방 비교가 되고 당연히 다른 곳보다 비싸게 팔 수가 없다.

참 편리하고 실용적인 방법이라 생각된다.

처음에 길이 서툴러서 외출이 자유롭지 못할 때, 도로의 이정표만으로는 안 되겠기에 네비게이션을 샀다.

얼마나 편리한가! 그런데 귀 기울여 듣지 않으면 도대체 Right인지 Left인지 잘 알아들을 수가 없었다. 롸잇, 렙트 짧게 나오는 발음이 구분이 안 되다가 차츰 길들여 익숙해질 만할 때 고장이 났는지 작동이 안 되었다. 그래서 교환하러 갔더니 200$ 하던 것이 그새 160$로 가격이 내렸다. 우리 상식으로는 사용하던 것을 바꾸는 것도 미안한데 말없이 200$을 돌려주고 160불로 새것을 준다. 횡재한 기분으로 남은 40$로 스테이크와 과일을 사서 배부르게 먹으며 행복한 하루를 보냈다.

큰 덩치에 주렁주렁 작은 가방

미국에 와서 공부는 핑계이고 여기저기 구경하는 세상 공부가 주된 일이었기 때문에 계획했던 대로 여행을 하느라 공항을 자주 드나들게 되었다.

우리는 한국에서 올 때 중간 크기의 가방 두 개에 옷 하나, 책 하나씩만 들고 왔기 때문에 기내용 작은 가방이 없었다. 그런데 덩치 큰 미국인들은 배낭을 메고 작은 가방을 양손에 들고 타는 경우가 많다. 처음엔 짐 찾느라 기다리지도 않고 시간도 줄일 겸 그러나 보다 했지만 사실은 그게 아니었다. 짐을 부치면 항공 화물료 25$을 따로 내기 때문에 승객은 자연히 짐을 줄이게 되고 그만큼 비행기의 유류 소비도 줄게 되니 일거양득, 참 실용적인 방법이라 생각되었다.

여행 때마다 화물 요금을 25$씩 추가로 내느니 우리도 작은 가방을 하나 살까도 했지만 서울 갈 때 짐을 더 늘리지 않기로 했기에 짐 찾을 때마다 빨리 움직이지도 않는 외국 사람들의 업무 능력에 답답증을 내면서 기다리곤 했다. 그래서 어떨 땐 가끔씩 짐이 안 나오기도 하고 잘 못 안내된 다른 칸에서 가방 혼자 빙빙 돌고 있는 불편을 겪기도 했다.

정장 보기 어려워

학교에서 젊은 친구들과 함께 지내느라 가벼운 차림으로만 지내다 보니 한국에서 입던 정장 스타일의 옷은 이제 못 입을 것 같다.

면바지에 티셔츠면 된다. 남을 의식하지 않는 이들의 문화, 특히 옷이나 소지품에 신경을 안 쓰는 것이 참 맘에 든다. 브랜드보다 실용에 무게를 두는 것이 바람직해 보였다. 비싼 명품을 오히려 한국에서보다 볼 기회가 적었다. 그러니 사우디아라비아 여학생들의 히잡(Hijab) 속에서 발견하는 명품이 나의 눈을 즐겁게 해 줄 수밖에!

여행 내내 뉴욕에서도 월스트리트 이외에서는 넥타이에 정장 입은 사람을 본 기억이 없다. 얼마나 활동적인가? 물론 정장이 필요한 자리는 당연히 입어야겠지만 평상시에 와이셔츠에 넥타이 차림으로 근무하는 직장인들을 생각하면 답답하고 비능률적인 차림이 아닌가 생각된다. 신사는 여름에 쪄 죽고 숙녀는 겨울에 얼어 죽어야 멋쟁이란 우스개는 옛말이다.

ASU(Arizona State University) 캠퍼스에서도 같은 날씨에 부츠를 신은 사람과 맨발에 슬리퍼 신은 사람을 얼마든지 동시에 볼 수가 있지만 누구 하나 이상하게 쳐다보는 사람이 없다. 다 자신의 필요에 따라 편하게 입고 생활한다.

미국인의 노후 대책

노후 대책은 국가만이 책임지는 건 아니란 걸 여기 와서 배웠다. 여긴 대체로 고등학교만 졸업하면 자립한다. 아예 집을 나와서 스스로 생활하면서 경제적으로도 자립을 한다. 사회 분위기 탓인지 학교교육 탓인지 몰라도 너무나 당연한 걸로 받아들인다. 그것은 여기에 살고 있는 교포 자녀들도 마찬가지다. 대학 다니면서 아르바이트도 하고 능력에 맞게 진학하고 취업 후 결혼까지 쭉 이어진다.

가끔 가는 식당에서 알게 된 미국인 John은 고등학교를 졸업하고 대학등록금을 마련하기 위해 한국인이 하는 스시(Sushi)집 주방에서 일하고 있다. 한 번은 아파서 수술을 하는데도 자기 혼자서 다 해결하는 걸 보고 너무 야박하지 않나 싶기도 했지만 이게 이 나라의 문화다.

자식도 부모에게 기대지 않고 부모도 노후를 자식에게 기대하지 않는다.

우리나라는 어떤가? 대학 등록금에 결혼 자금까지 그것도 모자라 살아갈 집까지 마련해 주고 노후에 자식들에게 눈치 보며 용돈 타 쓰는 것을 보면 안타까운 마음이 든다. 무작정 자식에게 다 퍼 주는 한국의 선량한 부모님들도 자기 노후는 자기 스스로 준비해야 함을 느끼게 한다.

자유와 질서의 공존

교통법규

우리나라에 구호가 한창 굜았던 시절에 기억에 남는 구호가 있다.

길거리에서 장발을 잡던 시절, 명동 거리에 '긴 머리 흉한 머리 게으른 머리' 라는 플래카드가 붙어 있었고 '질서란 편한 것 자유로운 것 아름다운 것' 이란 구호도 있었다. 참 좋은 구호였다. 질서란 지키기만 하면 얼마나 아름다운 것인가!

자유와 질서가 공존하기는 참 어려운 게 현실일 텐데 미국엔 그게 있었고 바로 거대한 미국을 움직이는 힘이 되고 있음도 알았다.

원칙은 원칙. 누구에게나 똑같이 적용되는 것이어야 하고 일단 법으로 정해지면 누구나 지켜야 한다. 얼마나 당연한가?

교통질서가 바로 그것이다. 만일 우리나라가 딱 한 가지만 고치면 1등국이 되는 걸 들라면 주저 없이 교통질서라 말하겠다.

학교 앞 도로에선 누구나 15~20km로 가야 한다. 아이들이 있건 없건 철저히 지킨다. 어두운 밤에도 마찬가지이고 School zone은 말 그대로 어린이 보호구역이다. 노란 School bus를 추월하면 아주 큰일 나는 줄 안다.

현직에 있을 때 어린이들을 하교 지도하면서 함께 횡단보도를 건너는데 신호를 무시하고 달리는 차에 큰일 날 뻔했던 기억을 떠올리면 이곳의 모습은 정말 부럽다.

무엇이 이렇게 만들었을까?

위반했을 때 꼭 같이 적용하는 강력한 조치가 아니었을까? 어느 누구도 예외가 되지 않는 법 앞엔 지킬 수밖에 없지 않을까?

차가 그리 많지 않아서인지 모르지만 새치기는 보기 어렵다. 어쩌다 중간에 끼어들면 많이 급한가 보다 라고 생각하는지 그런 것으로 얼굴 붉히는 것을 본 적이 없다.

그러나 여기서도 교통순경은 계도보다 단속에 더 관심이 있구나 싶게 평소엔 잘 보이지도 않다가 교통규칙을 어겼을 땐 어디서 나타나는지 쌩~ 하고 나타난다고 한다.

남편과 함께 유타 州로 자동차 여행을 할 때였다.

가도 가도 차 한 대 안 보이는 황무지를 달리는데 어느새 뒤에서 따라오는 차가 보였다. 반가움은 잠깐이고 아무래도 우리 차를 따라오는 것 같아서 약간 의아했지만 신호도 없고 잘못한 게 없으니까 속도를 줄이면서 차를 세웠다. 아니나 다를까 우리 차를 따라온 거였다. 창문을 내리니 경찰이 다가와서 민가가 보이는데도 속도를 줄이지 않고 달려서 교통규칙을 위반했다는 거였다. 차도 사람도 보이지 않는 외딴길에서 저 멀리 집이 몇 채 보인다고 속도를 줄여야 한다니 어이가 없었지만 규칙을 어겼다니 어쩌랴?

남편은 잠자코 있다가 "I'm sorry. I don't speak English" 만을 반복하여 위기를 모면했던 적이 있었다. 면허증을 내라 주소를 대라고 했지만 말이 안 통하는 동양인 할배 할매 여행객을 어쩌겠나? 할 수 없다는 듯 미국 순경, 다음에 또 어기면 안 된다며 가 버렸다. 어디에 있다 나타났을까? 그래도 그 다음부터는 표시된 속도를 잘 지키면서 운전했다.

학교 가는 길은 고속도로로 30분쯤 되는 거리이다. 매일 다니니까 내가 운전해도 되는데 등교, 하교를 항상 운전해 주는 남편 덕분에 편하게 다녔다. 그래서 친구들이 운전기사 대동하여 유학 간 사람이라며 놀린 적이 있다.

길은 좋지만 갑자기 창 밖이 안 보일 정도로 하늘이 누렇게 되면서 모래바람이 회오리치며 불어와 차를 잠시 세우고 바람이 지나가기를 기다리기도 하고, 때로는 오며 가며 교통사고 현장을 볼 땐 무서운 생각이 든다. 차량도 그리 많지 않은데 왜 그렇게 사고가 자주 나는지 참 알다가도 모를 일이었지만 도로 위에 나뒹그러져 있는 타이어들을 보면 아찔하다. 그런데 사고가 난 뒤의 모습은 우리와 많이 다르다. 주로 여러 대가 추돌하는 경우가 많은데 누구 하나 목소리 세우는 사람 없이 주르륵 벽에 붙어 서서 태평스럽게 전화기 들고 볼일 보면서 경찰차를 기다린다.

얼마나 합리적인가? 목소리 돋운다고 뭐가 도움이 되나?

사고가 나면 다른 차를 위해 일단 차를 빼고 경찰차를 기다리는 모습을 우리도 차츰 닮아 가고 있겠지!

흔히들 미국에선 운전이 쉽다고 한다. 더구나 서울에서 배운 운전이라면 세계 어디든 어려울 것 없다고 하지만 반드시 그렇지만도 않다.

자동차 여행을 했던 유타주처럼 가도 가도 차가 보이지 않은 곳도 있지만 서울 못지않게 복잡한 곳도 많고 교통사고가 났다 하면 7중, 8중 대형사고가 난다. 방해물이 없으니까 속도를 고정해 놓고 달리다가 갑자기 속도를 줄이지 못하거나 졸음운전도 많을 것 같다.

그런데 여기에서 특이한 것은 중앙차로이다.

가운데 한 차선은 가는 차, 오는 차 쌍방이 다 사용할 수 있는 차로로써 이곳에서 서로 좌회전이나 유턴을 한다. 길이 넓고 차량이 적으니까 허용되는 일이겠지만 운전을 하다 보면 아주 편리하다고 생각된다.

다 자기 나라 형편에 맞게 하는 거겠지.

미국은 땅이 워낙 넓으니 도로도 많고 차선도 많을 수밖에.

그런 공공 도로에 유료 전용 차선이 운영되고 있는 점도 특이하다. 우리나라의 버스 전용 차선처럼 버스나 2인 이상 차량이 이용하는 것은 타당하나 국민 세금으로 건설된 공공 도로의 일부 차선을 유료 전용의 급행 차선으로 이용하는 것은 이해가 되지 않았다.

무인 시스템도 많았는데 위반 적발 시에는 벌금이 엄청 많고 이것은 꼭 내야만 하는 것으로 인식되어 있어서 그런 점은 좋다는 생각이 들었다.

여행 중에 한번은 어두운 밤이고 낯선 길이어서 하이패스 구간을 그냥 통과한 적이 있었는데 다음 요금소에서 얘기하고 은행계좌로 송금한 적도 있었다.

이런 것도 실용주의에서 온 것일까?

이슬람 성전 모스크에 가다

오늘 수업이 끝나고 영어 Conversation 시간까지 1시간의 여유를 이용하여 내가 좋아하는 Classmate인 Mohammed와 함께 이슬람 성전 모스크에 갔다. 다른 종교인 이슬람교가 궁금하기도 하고 아랍 친구들이 많은 이런 기회에 가 보고 싶어 관심을 보였더니 좋다며 앞장을 섰다.

시커먼 남자들 틈에 혼자 가기가 좀 그래 일본 여학생 Midori와 함께 갔다.

갈 때까진 서로 얘기하며 자유롭게 갔는데 자기들 성전 입구에부터는 남녀가 다르다. 예배 시간 내내 얼굴도 못 보고 헤어진 후 끝나고도 우리끼리 왔다. 예배도 남자는 흰 커튼으로 나누어진 앞자리에서, 여자는 뒤에 모여서 기도하는 것이 정말 남녀유별(男女有別)이었다.

그렇게 넓고 자원도 많은 나라에서 운전도 못하게 하는 등, 여자의 권리를 제한하는 것만 아니면 더 발전할 수 있을 텐데 여성 인력을 이렇게 막다니 참 안타까웠다. 그러니 여기서 공부 끝나면 여자들이 안 돌아가겠다고 할 수밖에…….

사우디아라비아 애들에게 너희 나라는 왜 그러느냐고 물으니 여자가 운전할 필요가 있느냐? 운전수가 다 해 주는데! 왜 남자는 요리를 도와주지 않느냐고 했더니 요리사가 다 해 주는데 그럴 필요가 뭐 있나? 한다. 그래! 잘 났다!

이슬람 사원 내부

결혼 연령도 얼마나 빠른지, 지난 학기에 같이 공부한 Tagreed는 19살인데 벌써 결혼하여 임신한 상태다. 첫 시간에 교수에게 자기는 다른 남자 앞에서는 쳐다보고 말할 수가 없으니 발표시키지 말라는 주문을 하기도 했지만 나중에는 웃기도 잘 하고 그 나이에 어울리게 남학생들과 깔깔거리며 잘 지냈다. 가무잡잡한 피부에 매력적인 Tagreed는 날마다 스카프를 바꾸어 가며 멋을 냈는데 알록달록한 히잡(Hijab) 안에 고급 청바지에 명품 옷, 명품 가방을 들고 다녔다.

첫 학기에 함께 공부한 잘 생긴 근육질의 Abdullah는 어머니가 셋이고 형제는 21명이라고 했다. 아버지가 능력이 엄청 있는 사람인가 보다.

너무 신기했지만 이해하기 어려운 것도 '그건 그 나라의 문화' 라면 그냥 그런가 보다 한다. 여긴 여러 민족, 여러 사람들이 함께 사는 곳이니만큼 그런 것은 참 잘 이해하고 넘어간다.

공존하고 있는 다른 문화에 대한 바른 이해!

단일민족임을 자랑해 온 우리나라에서는 인정하기 어려운 일들이 여긴 많은데 다문화 가정이 늘고 있는 우리가 빨리 본받아야 할 점이라 생각된다.

미국은 우리가 알고 있듯이 많은 나라 많은 민족의 결합체이다.

넓은 땅에 여러 민족이 모여 살기 때문이겠지만 황인, 흑인, 백인 모두가 같은 법 안에서 같이 대접 받고 모든 규칙이 같이 적용되는 세상. 능력만이 그들을 구분 짓는다. 이것이 진정한 미국의 힘이라 느껴진다.

세계에는 자기 나라 안의 지방색도 잘 융합하지 못하여 시끄러운 곳이 많은데 미국은 많은 민족, 많은 인종을 하나로 묶어서 그 힘을 활용하고 있지 않은가!

학연, 지연, 학력……. 그 어떤 것보다도 개인의 능력을 우선하고 실력을 존중하는 나라. 그래서 세계의 우수한 인재들이 미국으로 모여들고 지금도 자유에 억압 받는 사람들이 망명을 오는 나라가 되고 있다.

다름을 인정하고 수용하여 하나로 뭉치는 힘.

천혜의 자원과 무한한 자연 조건 위에 자유와 질서를 존중하고 개인의 인격을 존중하는 나라.

한없이 자유롭고 편한 것 같지만 원칙과 질서가 엄연히 존재하는 나라.

넓은 나라이니만큼 많은 문제가 있지만 뚜벅뚜벅 앞으로 나아가는 나라…….

다름이 인정되는 다양함이 그들의 문화를 떠받치는 진정한 힘이 아닐까?

자연보호

낯선 나라에 와서 그런지 모든 게 새롭고 신기하고 아름다웠다. 특히 자연을 그대로 보존하는 게 부러웠다. 넓은 나라 어디를 가든 자유롭게 버려둔 자연이 오랜 세월 동안 삭아 향기를 내뿜고 있었다.

사막 한가운데 후버댐(Hoover Dam)을 만들어 모든 주 사람들이 쓰고도 남을 전력과 물을 제공하고 바다 같은 호수(Canyon lake) 위에서 보트 놀이를 즐긴다. 정말 대단한 나라이다.

넓은 국토와 풍부한 자원 속에 사니까 국민성도 자연히 여유 있고 남을 배려하는 마음도 길러지는 게 아닐까?

옷도, 과일도, 모든 게 싸고 신선해서 좋으면서도 한편으론 참 부럽다. 우리나라도 물자가 이렇게 풍부하면 얼마나 좋을까?

풍경을 찍을 때도 이 좋은 그림을 작은 카메라에 다 옮기기가 어렵다고 느낀 적이 한두 번이 아니었다.

자동차로, 버스로, 비행기로 미국의 많은 국립공원을 다녀 보았는데 이들은 개발을 서두르지 않는 것 같다. 먼지 나는 길을 걸어서 가고, 있는 그대로를 보고 즐기고 있다.

하늘이 넓은 탓인가? 구름은 또 왜 그리 아름다운지. Canyon land 국립공원에서 7,200피트 산 위의 하얀 구름이 초원 위에 그림자로 내려와 오수를 즐기고 있는 그림 같은 모습을 보며, 구름보다 높은 곳에 서서 구름의 그림자에 취한 적이 있다.

우리나라 좋은 나라

아름답고

교수들과 개인적으로 많은 이야기를 나눌 수 있는 시간은 아무래도 일주일에 1번씩 있는 Conversation 시간인 것 같다.

개인적인 의견이나 자기 나라 이야기를 할 때면 나도 모르게 우리나라 자랑을 하게 된다. 정말 그렇게 느껴지기 때문이다.

'우리나라는 작다. 그러나 결코 작은 나라가 아니다~' 하면서 말문을 연다. 미국은 천재 아니면 바보로 중간층의 지식인이 없는 것 같은데 비해 우리는 우수한 인재가 얼마나 촘촘히 있는가?

외모만 해도 우리는 거리에 나가면 모두가 탤런트 같은 멋있는 젊은이인데 비해 미국은 TV에 나오는 수준의 사람들은 만나 보기 어렵다. 배우와 평범한 사람과의 외모 편차가 엄청 크다는 말이다.

편리하고

한국의 인터넷 사용 수준 역시 그곳 스마트폰이 따라오질 못한다. 공짜 폰에 요금도 비싸지 않고……. 애플 아이폰을 260$이나 주고 샀지만 매달 내는 사용료도 만만치 않았다. 우리나라에서는 아이폰을 사용하는 사람도 전 연령대로 많지만 자동차, 지하철 모든 곳에서 다 터지니 불편 없이 쓸 수 있다. 인터넷 보급과 사용이 세계 일등을 실감하지 않을 수 없었다.

070 전화는 같은 070 전화끼리는 어디든 무료로 사용할 수 있으니 전화도 우리만큼 편하게 사용하는 나라는 세상에 없는 것 같았다.

가전제품의 설치도 전화 한 통화면 금방 달려와서 해 주고 그 기사의 친절 서비스까지 체크하며 서비스의 질을 높여 주니 얼마나 편리하고 편한 나라인가!

동부 여행을 할 때 패키지 여행 후에 뉴욕에서 일주일쯤 머물면서 자유 여행을 하였다. 머물렀던 곳이 뉴욕에서 지하철로 1시간쯤 걸리는 브루클린이었기 때문에 매일 오며 가며 2시간 동안 지하철을 탔다.

긴 시간 동안 가느라 뉴욕 서민들의 생활도 보고 그들의 바쁘고 고단한 삶의 현장과 차창의 풍경도 보며 나름 재미도 있었으나 지저분하고 침침한 지하철은 탈 때마다 그역이었다.

그래도 여기는 세계의 수도 뉴욕인데? 지하철역은 물론이고 선로에 떨어져 있는 쓰레기, 빈 병, 심지어 쥐까지 다니니 너무도 놀라웠다. 게다가 Screen door(안전 유리문)도 없이 덩치 큰 외국인들 틈에 서 있으면 살짝 겁이 날 때도 있었다. Screen door 벽면에 지하철 노선표도 있고 아름다운 시도 씌어 있어서 기다리는 시간을 아껴 주는 우리나라의 안전하고 쾌적한 지하철 역사(驛舍)를 떠올렸다.

지하철 표는 가격도 줄이고 시간도 절약하려고 일주일간 쓸 수 있는 Pass card로 구입했는데 매표원도 없는 역사에서 자석(Magnet)이 자주 말썽을 부려 서성거리며 불편을 겪기도 했다.

안방 같은 우리 지하철이 그리웠다.

배달민족

여기선 모든 걸 사서 내가 운반하고 내가 조립하고 내가 설치해야 하니까 처음 정착할 때 침대나 가구를 사도 배달도 안 되고 조립도 안 되어 얼마나 불편했는지 모른다.

한국 같았으면 필요한 것들을 메모한 후 하루 나가서 이것저것 주문하고 들어오면 다음 날 기사가 와서 다 설치해 주고 사용법도 알려 주고 얼마나 편한가?

이런 어려움 속에서 핸드폰, 집 전화, 인터넷을 다 해결하고 나니 비로소 숨을 쉴 것 같았다.

해변에서도 자장면이 배달되는 배달 천국의 나라에 있다가 오니 참으로 적응하기 어려운 점이 많았다.

있을 땐 몰랐는데 떠나 보니 비로소 알겠다. 우리나라가 얼마나 좋은지!

여기가 천국 같은 지옥이라면 서울은 지옥 같은 천국!

미국 속의 한국인 그 정체성

ASU에서 한국어 봉사를 할 때도 느꼈던 것이지만 한국어를 모르는 교포 자녀가 너무 많았다. 이민 2세들은 미국에서 태어났으니 자기의 나라가 미국이라 생각하는 것을 당연하게 여기고 있겠지만 아무리 그래도 자기의 몸속에는 한국의 피가 흐르고 있음을 알아야 한다.

미국의 환경을 핑계 삼아 모국어에 서툰 것에 대해 부모나 자녀들이나 너무 관대하다는 것이 놀랍고 큰 문제인 것 같다.

이민 생활의 어려움은 이해할 수 있지만 그 나라의 말과 글은 그 나라의 얼인데 한국말과 한글을 모르고 어찌 살 수 있을까?

국적은 미국이지만 아무도 그들을 미국인으로 보는 미국인은 없는데 단지 자기만 자신을 미국인이라 생각하고 있는 것 같았다. 그래서 미국인도 아니고 한국인도 아닌 이방인으로 살아가는 교포 자녀들을 보면 안타깝기만 했다. 놀라운 것은 배운 부모들의 자녀들이 더 한국어를 모르는 것 같았다. 영어만 잘한다고 미국인이 되는 것이 아닌데 영어를 잘하기 위해 부모가 방관하기도 하니 될 일인가?

내가 다니던 성 골롬바 한인성당 교우들이 성당 내에 한글학교를 만들어 교포 자녀들에게 한글 교육을 철저하게 하는 것을 보고 참 고마운 생각이 들었다.

글로벌 시대에 일부러 외국어를 배우는 시대가 왔는데 자신의 모국어를 모른다면 말이 되겠는가? 개인의 정체성과도 관계 있는 교포들의 한국어 교육은 생각보다 충격적이었다.

미국에서 한국계 미국인이 범죄를 저지르면 우리는 미안해하고, 큰 상을 받으면 내 일처럼 좋아하지만 정작 본인들은 고국과는 아무 느낌이 없다는 걸 여기 와서 알고 참 속상하고 서운했다.

자기 나라의 많은 것을 잃고도 태평스럽게 사는 멕시코인들이지만 자녀도 많이 낳고 그들의 말과 문화를 전수하는 게 생활화되어 있는데 아름다운 우리말과 세계적인 한글이 잊혀져 가고 있는 게 너무 안타깝기만 하다.

그래도 부모님들은 자녀들의 결혼만은 한국인과 하기를 원하지만 강요할 수 없는 게 현실이었다. 한국인의 위상에 대해서, 열심히 일만 하는 코이쉬(일만 하는 한국인들을 유태인—Jewish와 비슷하게 부르는 말)에 대해서, 미국에서의 여가 생활에 대해서 이젠 이민자를 위한 국가적인 교육과 지원이 필요하다는 생각이 든다.

애리조나가 더운 곳으로만 알고 반바지에 짧은 티셔츠만 가지고 왔기에 계절이 바뀔 땐 긴 소매 긴 바지를 사야 했다. 그러나 옷값은 싸서 좋으나 수선이 문제였다. 그래서 대충 입거나 집에서 손질해서 입었지만 가끔은 세탁소에서 수선할 때도 있었는데 그 가격이 만만치 않았다. 사람의 손으로 하는 것은 뭐든지 다 비싸다.

세탁업은 주로 한국인이 하고 있었는데 열심히 살아가는 교포들의 모습을 그대로 볼 수 있었다. 어디를 가든 한국인의 교육열은 이미 알고 있듯이 자녀들은 다 훌륭하게 키우고 있었다.

여기 교포들의 생활은 두 종류로 분류되고 있는 것 같았다. 전문지식을 가진 고급 인력, 즉 머리로 사는 사람과 몸으로 사는 사람이다.

남미 여행 때 만난 아르헨티나 교포 한 분은 처음 이민 와서 봉제 일을 했는데 '밟아라 삼천리'를 외치며 열심히 재봉틀을 돌렸다며 이민 초창기의 고된 삶을 이야기하기도 했다.

여기에 온 교포들도 처음엔 식당, 세탁소, 슈퍼마켓, 옷 가게 등을 하면서 1센트부터 모으며 살았지만 지금은 젊은 유학생들도 많고 빨리 터전을 잡은 사람들이 많아서 수준 있는 삶을 사는 교포들이 많다고 한다.

우리나라도 그렇지만 여기는 누구나 일해야만 사는 곳이어서 한가한 사람이 없었다. 그래도 노력한 것만큼은 사니까 미국이 좋다고들 하는데 그들도 한국에서 이만큼 열심히 했다면 우리나라에서도 잘 살았을 거라는 생각이 들었다.

원칙과 융통성 사이에서

시간관념이 철저하다고 해야 하나? 인간미가 없다고 해야 하나? 아무튼 이해가 안 되는 부분도 있었다.

미국 있을 동안 일주일에 한 번씩 부식과 과일을 사느라 한인 마켓과 코스트코를 다녔다. 한인 마켓은 그렇지 않지만 코스트코는 오후 5시면 어김없이 문을 닫는다. 5시까지 입장하면 되는데 어느 날 중간에 길을 잘못 들어서 5시 1분에 도착하였더니 출입을 못하게 하였다. 융통성 없는 그들의 문화를 이해할 수밖에 없었다.

또 한 번은 우체국에 갔는데 5시 3분쯤이었는데 줄을 길게 서 있었다. 그래서 이어서 줄을 섰더니 한참 후 내 차례가 되니까 시간 지나 도착해서 안 된다고 했다. 줄 서지 말라고 진작 얘기를 하던지!

일은 얼마나 느린지 기다리려면 속이 터질 지경인데 시간 초과해서는 절대 일을 안 한다.

어느 날, 내가 사는 아파트에 아저씨들이 청소하는 것을 본 적이 있다. 낙엽과 쓰레기를 쓸어 내는데 우리나라 같으면 한 사람이 긴 빗자루로 싹싹 쓸어 내면 반나절이면 할 일을 두 사람이, 그것도 하루 종일 청소기를 돌리는데도 다 못하였다.

말 나온 김에 한 가지 더, 교포 한 분이 세탁기 고장이 나서 비싼 비용으로 사람을 불렀는데 외출에서 헐레벌떡 시간 맞추어 오니 집의 초인종을 누르다 돌아서더란다. 내가 주인이라 해도 시간 없다고 안 고쳐 주고 그냥 갔다며 혀를 찼다.

문화의 차이에서 오는 문제이기도 하겠지만 이들의 원칙과 우리의 바지런함이 합친다면 정말 환상일 텐데!

가격은 비싸지만 올개닉(Organic)만 파는 Whole food에서 오랜만에 30% 세일을 한다기에 비타민과 영양제 몇 가지를 샀다. 집에 와서 보니 유효기간이 두 달밖에 남지 않은 게 있어 교환하러 갔더니 꼭 같은 약이 즐비하게 있어 그냥 바꾸어 주면 될 것을 어제로 세일이 끝났다고 30% 추가된 가격으로 내란다. 팔고 싶지 않은 건지, 고지식한 건지, 계산이 안 되는 건지…….

영어라는 게 그리 만만치가 않아 듣기, 말하기가 아직 서투르지만 궁즉통(窮卽通)이라! 궁하면 통하는 길이 있기도 했다.

Spain 성지순례 때 입을 티셔츠를 사러 갔다가 속에 입는 끈 티셔츠를 두고 왔음을 저녁 늦게야 알았다. 얼굴을 보지 않고 전화하는 게 어려워 참 꺼려졌는데 문 닫을 시간은 다 되어 가고 하는 수 없이 전화를 했다. 오늘 오후에 옷 사러 갔다가 Fitting room에 내 옷을 두고 왔으니 찾아봐 달라고 했더니 이미 일과가 끝났단다. 미국인들은 끝나는 시간 지키는 게 워낙 칼 같아서 종료 후에는 절대 일하는 법이 없다. 5시에 끝나면 5시 1분에 사람이 들어서도 셔터를 내린다. 그렇다고 오후 근무자가 내일 또 일하는 게 아니어서 그 내용을 다른 근무자에게 전해주어야만 한다. 하는 수 없이 찾아보고 있으면 내가 갈 때까지 보관해 달라고 하고는 전화를 끊었다.

전화 받은 사람이 냉큼 뛰어가서 보면 될 것을…….

단위 사용

모든 것에 앞서 간다는 미국이 이것은 왜 전근대적일까?

돈이 드는 것도 아니고 불편한 것도 아닌데!

오히려 글로벌 시대에 전 세계와 소통하기에 훨씬 편리할 텐데!

무게나 부피, 길이에서 세계 공통의 미터법을 두고 왜 갤런(gallon; 3,785 *l*), 온스(Oz; 28.35g), 야드(yard; 0.914m), 피트(feet; 30.48cm), 마일(mile; 1,609m)을 쓸까?

모든 생활에 다 쓰이는 단위가 이러니 무게에 따른 가격 비교, 양의 비교, 거리의 환산……. 모든 게 아주 불편하였다.

전통도 아니고 편리성도 없는 이런 것을 고치지 못하는 미국이 오히려 신기하다.

땅덩어리가 넓어서인가, 아니면 쓰레기 버리는 곳이 따로 있기라도 한 것인가?

여긴 분리수거를 할 줄 모른다.

집에 손님을 초대해도 일회용품을 사용하는 경우가 많으니 가히 일회용 사용의 천국이라 할 만하다.

생산된 모든 쓰레기를 아무 봉투에든 담아 버리면 쓰레기 수거차가 다 담아 간다. 그러니 미국의 쓰레기 생산이 세계 1위가 될 수밖에!

자연을 보호하고 자원을 보존하는데는 열심이지만 버리는 일에는 좀 소홀한 것 같다. 우리나라는 쓰레기 분리수거도 하고 쓰레기 종량제로 그 양을 줄이려고 얼마나 노력하는데, 지구를 살리는 의미에서도 이는 생각해야 할 문제가 아닐까?

놀라운 의료비

사람에겐 늘 좋은 일만 있는 게 아닌가 보다.

이 낯선 곳에서 남편이 허리를 삐끗했다. 일어나지 못하는 남편을 보니 머릿속이 하얗게 비는 것 같았다.

'아! 이제 어떡하나?'

친정어머니 생각이 났다.

"쟈가 남편을 먼 곳까지 데리고 가더니 생사람 잡는구나!" 하시며 엄청 야단을 치시는 것 같았다.

한국 한의원에 가서 침도 맞고 물리치료를 받았다. 서울에서는 침 맞고 물리치료 받아도 7,000원이면 되는데 여기선 120$, 무려 20배이다.

그러나 선택의 여지가 없는 일이어서 며칠간 계속 다녔다. 이렇게 비싸니까 손님이 없는 건지 기다리지 않아서 좋긴 했다.

비싸지만 빨리 낫기를 바라는 마음 간절하다.

미국에 사는 사람들도 병원 가는 일이 있을까 봐 아주 조심하는 것 같았다. 수술비나 입원비가 거의 천문학적인 비용이 들기 때문이다. 그래서 요즘은 교포들을 위한 Medical tour가 인기가 있다고 한다. 고국 나들이도 하면서 종합검진을 받는 프로그램, 그것은 한국 의료 기술이 그만큼 우수하기 때문이다. 특히 치과 치료는 꼭 한국에서 하고 가는 건 이미 알고 있는 사실이고.

아! 인디언

인디언의 유적지인 몬테주마 성(Montezuma Castle)에서 사라진 인디언 주거 공간의 한 부분을 보았다. 적을 방어하는 것이 우선인 그들이 높은 곳에서 공동생활을 하던 모습과 산과 계곡에서 활과 방패로 총에 맞서 싸우며 쫓기던 그들의 삶을 상상해 보았다.

붉은 황토 먼지 속 인디언 보호구역에 살면서 남은 한 조각의 땅을 지키며 살아가는 그들! 비가 오면 절대 갈 수 없을 것 같은 황톳길 너머의 마을. 먼지를 풀풀 날리며 열악한 환경 속에서 조악한 장신구 정도를 팔면서 살아가는 그들의 모습이 왠지 모를 슬픔으로 다가오는 것 같았다.

여행 중 만난 어떤 젊은이는 그들의 생활 모습과 생활 도구 중 우리의 농촌과 닮은 것이 너무 많아서 연구 중이라는 말을 하기도 했다.

한국에서 오래전에 이민 온 화가 한 분은 인디언 초상화만을 그리는 분이다. '이 그림이 팔리기나 할까' 라는 생각을 하면서 갤러리 전체를 덮고 있는 납작하고 붉은 뺨의 인디언 그림을 감상하였다.

"인디언을 사랑하시는군요?" 했더니

"사랑하지 않고는 그릴 수 없어요."라는 그 화가와 인디언 가족의 그림을 배경으로 기념 촬영을 했다.

제4부

여기저기 쏘다니기

거기 그대로 III
(30×15×63)

미 서부 여행

어린아이가 노느라 어둠이 깔리는 것도 모르는 것처럼 뭔가를 재미있게 한다면, 그건 일이 아니라 놀이일 것이다.

재능보다 노력보다 더 소중한 건 즐기는 것!

미국에 와서 그런 것을 해 보고 싶었다. 앞으로 남은 삶을 위해서도.

학교 수업은 한 Session이 8주간 진행된다.

두 달간의 첫 Session이 끝난 10월에 얻은 열흘간의 소중한 휴가.

매 학기는 내 계획의 한 획을 긋는 의미에서 중요한 시점이었고, 이 시점에서 미리 계획한 여행을 시작하였다.

서부 여행을 떠나는 날. 아침 일찍 Las Vegas로 향하였다. 자동차로 5시간 정도 걸려 도착하였다.

마침 시간과 일정이 맞아 Los Angeles에서 오는 아들과 며느리를 기다리며 남는 시간에 Outlet에서 잠시 Shopping을 하였다. 규모가 생각보다 크지는 않았지만 가격도 괜찮고 둘러보는 것도 재미있었다.

새 학기에 사용할 가방도 사고 선물할 Hand bag도 샀다.

라스베가스(Las Vegas)—그랜드캐니언(Grand Canyon)—조슈아트리 국립공원(Joshua tree National Park)—라구나 비치(Laguna Beach)—산타모니카 비치(Santa Monica Beach)—샌디에고(San Diego)

라스베가스(Las Vegas)

라스베가스는 언제나 흥청거리는 도시다. 이곳을 목적지로 온 사람도 있지만 여기서 다른 곳을 출발하는 사람도 많다.

이번에는 Venechia hotel의 곤돌라를 시작으로 Hotel tour를 했다. 미녀 뱃사공의 노래를 들으며 저녁노을처럼 꾸민 조명 아래 인공 호수를 도는데 진짜 Italy Venechia만은 못해도 멋있었다.

누구에게나 개방된 Vellagio hotel의 분수쇼와 명품관 순례, Mirage hotel의 화산 쇼, MGM hotel의 유명한 Ka쇼. 소문대로 화려하고 비싼 만큼 다양한 프로그램으로 눈이 엄청 즐거운 시간들이었다.

저녁은 New York hotel 안에 잘 숙성된 Steak로 소문난 레스토랑에서 먹었다. 한식당도 종류별로 다 있을 뿐 아니라 밤낮이 따로 없는 환상과 소비의 도시 라스베가스에서 보낸 하루였다.

그랜드캐니언(Grand Canyon)

Las Vegas에서 5시간을 달려 Grand Canyon으로 갔다.

Sough Rim의 Desert View에서 절경을 보고 Sun set을 보았다. 참으로 장엄했다. 그랜드캐니언은 언제 어떤 위치에서 보아도 장엄하고 자연의 압도적인 힘을 느끼게 한다.

걸어서 계곡을 오르는 사람도 있지만 우리는 대자연 속에서 떠오르

Grand Canyon의 새벽

는 해를 보며 자연을 만끽하고 싶어서 한 달 전에 미리 예약해 둔 Canyon Lodge에서 숙박을 하였다. 미리 예약하지 않으면 산속에서 Sun rise를 보기 위해 몰려드는 많은 사람들로 숙소를 잡을 수가 없다. 밤이 되자 좀 추웠지만 차가운 밤공기는 상큼했다. 숲 속에서 자고 Yaki point에서 새벽 6시에 출발하여 해를 맞이하러 갔다.

그랜드캐니언 대자연 속에서 보는 일출!

가슴이 설레었다. 너무 추워 두꺼운 겨울옷을 겹겹이 껴입고 많은 외국인들과 함께 숨죽이며 30분을 기다렸더니 드디어 한순간 해가 솟아올랐다. 잠깐 사이에 '표옹~' 하고 떠올랐다.

정말 황홀하고 흥분된 순간이었다.

솟아오른 불덩이를 보며 뜨거운 마음을 한 곳으로 모았다. 불덩이처럼 열정이 있는 삶은 아름다울 것이다. 열정은 위대하니까!

Powell, Mohavi, Plma, Harvi point를 보며 Sough Rim 전체를 두루 보면서 Los Angeles로 향하였다.

조슈아트리 국립공원(Joshua tree National Park)

서부 개척자들이 오랜 시간 동안 사막을 헤매다 발견한 녹색나무. 그 형상이 마치 하늘을 향해 기도하고 있는 것 같아 조슈아트리(Joshua tree)라 부르는 Joshua tree National Park.

아들의 멋진 가이드 때문인지 어쩌면 이번 여행의 백미가 아닐까 싶은 인상적인 곳이었다.

약간은 황량한 듯한 넓은 땅에 쏟아부운 것 같은 바윗덩어리들! 햇볕에 씻긴 하얀 길과 무채색의 즐비한 바위들 사이로 난 길을 따라 1시간쯤 트레킹을 한 후 찾아간 곳은 군락을 이룬 갖가지 모습을 한 선인장 화원이었다.

가시 속에 숨겨진 아름다운 꽃. 모습과 크기가 각각 다른 개체들이 한 이름으로 모여 살고 있는 선인장村.

사막 속에 자리 잡은 가시밭 정원. 묘한 매력이 느껴졌다.

Hidden valley로 가면서 본 멋진 바위산들, 특히 바위 옆에 잘 준비된 야외 캠프장이 일박(一泊)을 유혹하고 있었다.

라구나 비치(Laguna Beach)

Laguna Beach의 아름다운 해변을 잠깐 뒤로하고 Los Angeles에 있는 현대미술관 MOCA(Museum of Contemporary Art)로 출발하였다.

주변을 몇 바퀴나 돌며 겨우 찾아 비싼 주차비까지 내고 갔는데, 휴관!

어이없어하며 Holly Wood로 가서 스타의 거리(Street of star), 코닥 극장(Kodak thearter), 베버리힐스를 걸으며 둘러보았다.

LA에 있는 Korea town의 어느 식당에서 된장찌개를 먹을 땐 마치 친정어머니가 어려운 딸네 집에 온 듯 왜 그리 기분이 묘하던지, 분명히 그들은 다 잘 사는 사람들인데 뭔 뚱딴지 같은 생각이람?

그건 Korea town에 들어서면서 70년대를 연상시키는 철 지난 거리의 간판을 보면서 생긴 구겨진 자존심과 실망감 때문이었다.

어쨌건 그들이 잘 살길 바라며, 오전에 허탕 친 미술관 생각에 빠듯한 시간이지만 게티미술관(Getty museum)으로 갔다. 모노레일를 타고 올라가 문 닫는 시간까지 열심히 작품 감상을 하고 마지막으로 나왔다.

우리가 묵고 있는 아름다운 Laguna Beach!

얼마나 멋있는지! 넓은 모래사장을 걸으며 물속으로 떨어지는 해를 조용히 지켜보았다. 아름다운 해변도 멋있었지만 서울의 인사동 같은 운치 있는 화랑가를 걸으며 이곳저곳을 둘러보는 것도 좋았다. 예쁜 가게들과 즐비한 화랑가!

미국에서 이런 곳을 볼 수 있다니 너무 감사하다! 3일간 묵은 곳을 아쉬운 눈도장을 찍으며 밤늦도록 거닐었다.

산타모니카와 롱 비치(Santa Monica Beach & Long Beach)

오늘도 해변의 날!

이름만 들어도 낭만이 느껴지는 Santa Monica Beach와 Long Beach! 그러나 기대가 너무 컸던지 실망도 컸다. 철 지난 유원지에 온 기분을 떨치지 못하고 일찍 나와 번 시간으로 어제 휴관이어서 보지 못한 현대미술관으로 갔다.

본관만 보았지만 미국의 지성을 느낄 수 있는 훌륭한 작품들이 많았다. 책 무게를 감당할 수 없어 두꺼운 도록을 사지 못한 게 아쉽지만 엽서 몇 장으로 대신했다.

오는 길에 Long Beach를 보았다. Beach라기보다는 Harbor 같아서 요트만 수없이 정박해 있었다.

샌디에고(San Diego)

아침 일찍 아름다운 해변을 떠나 San Diego로 향하였다. 유명한 Sea World에서 팽귄, 범돌고래의 해상 쇼를 보았다. 흔히 하는 관광지의 쇼쯤으로 생각했다가 이내 자세를 바꾸었다. 엄청 다양한 Story가 있었고 관객을 집중하게 만드는 잘 짜여진 환상적인 무대였다.

특히 쇼의 주제가 해군의 활약을 담은 것이었는데 시작하기 전에 사회자가 나와 관객 중에 군인이 있으면 전부 일어서라고 해서 열렬한 박수를 치게 하였다. 군인이 이렇게 대접 받는 풍토. 우리나라 국방부의 중요한 분들이 꼭 보아야 할 장면이라는 생각이 들었다.

관람을 끝내고 아름다운 섬 Cololado에서 바쁜 하루를 묻는 장엄한 일몰을 보았다.

하루가 짧은 일정. 볼거리와 즐거움을 듬뿍 준 코스였다.

Hotel check in을 하고 Down town 거리를 거닐며 여행의 기분을 잘 정리하여 새로운 삶의 자양분을 만들어 내기로 했다.

아름다운 샌디에고, 많이 생각할 수 있었던 여행이었다.

남미 여행

—브라질, 아르헨티나, 페루

미국에 와서 처음으로 맞이하는 겨울. 남반구인 남미를 여행하기엔 더없이 좋은 계절이다. 처음엔 자유 여행을 계획하느라 많은 시간을 보냈지만 아쉽게도 지역 특성상 그룹 투어로 결정했다.

LA에 있는 한국 여행사를 통해서 가느라 집에서 새벽 5시에 출발하여 비행기를 타고 LA공항에 도착하여 8시에 집결. 다시 11시 비행기를 타고 마이애미(Miami)를 거쳐 브라질의 리우데자네이루(Rio De Janeilo)까지 무려 25시간이나 걸렸다. 기내에서는 포르투갈어로 안내하였고 서비스도 한국에 비길 바가 못되었지만 마음만은 설레었다.

브라질

꿈에 그리던 남미 여행!

하늘에서 본 브라질의 모습은 너무나 인상적이었다.

끝없는 밀림! 하늘 아래가 온통 녹색 바다이다. 이곳이 바로 세계의 허파로구나!

공항에 내리니 12월 21일 오전 8시. 남반구답게 기온은 34도! 재킷을 벗고 반팔 차림으로 세계 3대 미항(美港)에 속하는 리우데자네이루에 입성했다!

부유한 도시는 아니지만 활기가 넘치는 축구의 도시, 올림픽 우승기를 번쩍 들고 있는 동상 앞으로 가서 거리의 대학생들과 합류하여 사진도 찍고 마라카낭 축구장으로 갔다.

축구의 자부심이 대단한 듯, 거대한 축구 경기장 앞엔 많은 관람객들과 유니폼을 입은 대학생, 시민들로 가득했다. 국민을 하나로 묶어 주는 구심점이 있다는 건 좋은 일. 축구의 자부심이 그들의 자존심을 살려 주는 듯 미국과도 당당하다. 미국 시민권자는 입국 비자비도 따로 받고 입국 절차도 까다로웠지만 한국은 무비자, 자유 통과였다. 미국보다 우대받는 이 기분!

'1월의 강' 이라 불리는 리우데자네이루의 언덕에 우뚝 솟은 코르코바도 예수상의 위엄은 압도적이었다. 높이 30m, 너비 28m의 거대한 예수상은 어느 신부님의 아이디어로 1926년에 시작되어 5년에 걸쳐 완공된 리우데자네이루의 자랑거리이자 세계의 관광객을 불러 모으는 도시의 상징이 되고 있었다.

'미국이 자유의 여신상이라면 우리는 예수상이다!' 하는 브라질의 정신적 자존심의 표상 같았다. 레일을 타고 다시 엘리베이터를 타고서야 예수님의 발아래에 다다를 수 있었다. 이것이 세계 7대 불가사의에 선정되었다는데, 내 생각에는 예술적인 가치로 보나 '불가사의' 는 아니고 리오의 전경이 다 보이는 훌륭한 표징이자 두고두고 브라질에 큰 위안을 줄 것임에는 틀림없을 것 같았다. 주변의 인파로 사진을 제대로 찍을 수 없어 사람을 배경으로 찍을 수밖에 없었다.

질 좋은 고기로 된 현지식으로 저녁을 먹은 후 크리스마스 축제를 준비하는 리오 시민들의 길거리 삼바 축제에 갔다. 악기를 연주하는 사람, 음악에 맞추어 춤추는 사람, 헐렁한 차림에 서로 안고 블루스를 추는 부부, 무대 위에서 합창하는 대부분이 노인인 듯한 동네 합창단, 행사 주변 어디서나 있음직한 선물 가게들. 참 여유 있는 한여름 밤의 크리스마스 축제였다.

길거리를 메운 축제였지만 소음도 없었고 경비를 서면서 구석에서 한가로이 잡담하고 있는 경찰들도 여유로워 보였다.

주변 레스토랑에서 맥주 마시며 흥겨워하는 시민들 틈에 끼여 큰 메스실린더 같은 기다란 병에 맥주를 담아 종업원이 위에서 부어 주고 손님이 눌러서 아래에서 빼 마시는 맥주통을 재미있게 보고 있으니 와

리우데자네이루의 여름밤

서 앉으라 한다.

긴 비행시간 끝에 도착한 지구 건너편 브라질 리우데자네이루의 여름밤이 깊어 간다. 어느새 네온과 예쁜 트리 불빛 속에 크리스마스가 성큼 와 있다.

리우데자네이루 시내가 한눈에 보이는 슈가로퍼산을 케이블카로 올랐다. 현지 화폐 SOL을 바꾸지 못해 4$이나 주고 산 망고 아이스크림을 먹으며 그림 같은 도시를 감상했다. 시드니, 베네치아와 함께 세계 3대 미항이란 이름이 아깝지 않은 도시였다.

미항이 되려면 아름다운 전경은 필수이고 어선(漁船)이 없어야 한다니, 문득 까만 밤바다에 밝은 알전등을 매단 오징어잡이 배가 오가는 그림 같은 우리나라 동해의 작은 항구들이 머릿속에 떠오른다. 아름다움의 기준이 뭔지…….

'아름다운 리오 사람들' 이란 뜻을 지닌 해변의 '카리오카' 를 보며 코파카파타, 이파네마 해변의 주홍빛 비치파라솔과 선탠을 즐기는 남녀들로 꽉 찬, 눈이 즐거운 해변을 둘러보았다.

세계 어디에나 아름다운 해변에는 왜 수영하는 사람보다 수영복 입고 거니는 사람들이 더 많은지 모르겠다. 지난여름 남프랑스 니스 해변에서도 발 디딜 틈 없이 즐비한 젊은 남녀들의 멋진 모습이 해변을 채우고 있었는데…….

늦은 밤 거금을 주고 브라질의 명물인 온몸을 흔들어 대는 삼바 공연을 보았는데 가만히 제자리에 있으면서 감탄을 불러일으켰던 리오의 밤풍경보다 감동적이지는 않았다.

이과수! 입이 다물어지질 않았다.

어느 미국인이 Oh! my poor Naiagara! 했다던 말이 실감났다. 브라질 쪽에서 본 폭포도 대단하였다. 여기저기서 떨어지는 폭포가 무려 270개나 된다니 전후좌우 눈앞에 펼쳐지는 모든 풍경이 폭포뿐이다. 강 중간에 긴 다리를 놓아 강 위에 서서 폭포를 바라보는 기분은 그저 멍멍할 뿐이었는데 그 아래 강에서 보트를 탔다. 직탄으로 맞는 폭포 세례의 얼얼함, 짜릿함을 어떻게 표현할지……. 온몸이 흠뻑 젖고 맘 속까지 흠씬 젖은 후련함.

나이아가라의 가지런한 아름다움에 비하면, 특히 아르헨티나 쪽에서 본 '악마의 목구멍' 은 과연 이과수의 백미였다. 차마 다 표현할 수 없는 무섭고 짜릿한 전율과 동시에 빨려 들어갈 것만 같은 기운! 발길을 돌릴 수 없는 장엄함과 웅장함, 거대함 그 자체였다.

모든 폭포를 모아 한꺼번에 쏟아붇는 듯한 끝을 느낄 수 없는 폭포의 바닥, 도무지 깊이와 두께를 가늠할 수 없는 허연 물안개로 가득 찬 채 줄지어 떨어지는 폭포수의 굉음, 여기저기에 드리워진 무지개들, 그 아래로 그 옛날 죄수를 나무에 묶어 던지면 소용돌이치다 빨려 들어갔다는 악마의 목구멍! 과연 대단하였다. 이렇게 강렬할 수가…….

자연의 소리까지 카메라에 다 담을 수 없음이 안타까웠다. 뭉글뭉글 솟구치고 가라앉았다 일어서고 다시 가라앉는 강인한 흡인력에 빨려 들고 말 것 같은 두려움마저 드는 악마의 목구멍.

브라질! 공중에서 내려다본 가도 가도 끝없는 초록, 초록……. 밀림, 지평선.

이과수 폭포

하늘과 밀림뿐인 끝없는 녹색을 볼 때부터 가슴이 뛰었는데 정말 놀라움의 연속이었다.

아르헨티나

이과수에서 비행기로 1시간 50분. 남미의 파리로 불리는 아르헨티나의 수도 부에노스아이레스에 왔다.

공항에 내리자마자 빨간 바탕에 까만 손바닥을 그린 'WARNING' 이란 종이를 준다. 치안이 어떤지를 알 만하다. 그러나 부에노스아이레스의 시작이며 역사의 중심인 5월 광장(Plaza de Mayo) 앞에 서니 지금은 그 영광을 찾기가 어렵지만 옛날의 화려했던 모습을 상상할 수 있었다.

도시를 상징하는 으뜸 조형물인 오벨리스코(Obelisco)와 국회의사당, 원형을 중심으로 부채꼴로 퍼져 나간 잘 정비된 도로와 건축물, 베르디의 오페라를 첫 공연한 아르헨티나의 자존심이라 일컫는 세계적으로 손꼽는 오페라 하우스 꼴론 극장(Teatro Colon)은 대단했다.

세계에서 가장 넓다는 폭 144m의 22차선 도로를 지나며 전광판에서 번쩍이는 대형의 에비타 모습을 볼 수 있었다. 서민의 우상이자 무료병원 운영으로 아르헨티나의 몰락을 가져오기도 했다는 무희 출신의 대통령 에비타! 역시 정치는 종합예술인가 보다.

도시의 명소인 레골레따(Recoleta) 공동묘지를 보았다. 대통령, 장관 등 이 나라의 유명한 사람들 5,000명이 잠든 곳이지만 우리나라의 현충원과는 많이 달랐다. 따로따로 설치된 작은 집 같은 무덤엔 비석과 장식들이 있었지만 소유주가 개인이라 돌보지 않고 방치된 무덤 주변으로는 살찐 고양이들만 벽을 넘나드는 죽음의 궁전이 되어 있었다. 그래도 1888년부터 초, 중, 고 무상교육을 실천한 교육의 아버지라 일컫는 사르미엔토 대통령의 묘에는 동상과 함께 그의 대머리를 닮은 대머리 독수리가 있고 꽃다발도 있었다.

전체적으로 미로 같은 길과 남루한 동상들, 돌보지 않은 회색 건물들은 낮인데도 으스스한 기분이 들게 하였다. 아르헨티나의 국가재정 상태가 느껴지는 안타까운 장소였다.

탱고의 발생지인 보카에서 춤과 노래와 오케스트라의 결합인 탱고춤을 보았다. 빨간 드레스와 까만 슈트를 입은 아담한 체격의 두 남녀가 서로 밀착하여 멋지게 추는 탱고가 몸에 착착 감기는 느낌을 준다. 보는 것만으로도 즐겁다. 여행객과 파트너가 되어 멋진 포즈를 취하며

즐겁게 춤추며 돈도 버는 댄서들

춤추는 대가로 20페소(5$)를 받는다. 즐겁게 춤추며 돈 버는 것이 바로 남미인의 기질인 것 같았다.

아르마스 광장과 로레토 거리를 더 거닐고 싶은 아쉬움을 뒤로하고 숙소가 있는 우르밤바로 향하였다.

오늘이 12월 24일, 마침 일행 10명 중 성당 교우가 7명이나 되어 호텔 라운지를 빌려서 트리도 꾸미고 크리스마스 이브 분위기를 돋구었다. 독하다는 데킬라도 맛보며 새벽 3시까지 즐거운 시간을 가졌다.

이번 여행은 겨울방학 기간이라 유학생들이 많았고 모두가 한국 최고의 지성을 자랑하는 젊은 연수생들이었는데 그들의 교양과 지성이 내일의 한국을 이끌고 갈 것 같아 아주 자랑스러웠다.

남미 여행의 절정 페루

12월 26일! 드디어 잉카제국, 페루에 왔다.

비행기 안에서 잉카콜라를 맛보면서 이미 잉카에 입성하였지만, 안데스산맥을 넘을 때는 괜히 가슴이 두근거렸다.

수목(樹木) 한계선인 3,500m를 지나 6,981m에서 위용을 뽐내는 만년설과 5,000m 이상의 거대한 민둥산, 마치 두꺼운 종이를 구긴 것 같은 모습으로 엎디어 있는 회색 안데스와 얼어붙은 솜사탕 같은 만년설이 무엇인가 할 말을 감추고 있는 듯하였다.

TACA항공으로 내린 리마공항. 그런데 으레 기다리고 있어야 할 가이드가 보이지 않았다. 1시간 후에 나타난 가이드를 기다리는 동안 그림엽서도 사고 모자도 샀다. 느긋한 남미 사람이 다 된 한국인 가이드, 성수기라서 그렇다나?

열정적이고 놀기 좋아하는 그들의 노래를 들으며 식사를 끝낸 후 잉카제국의 수도였던 쿠스코에서 산토도밍고 대성당, 황금신전 꼬리깐챠, 아르마스 12각돌을 보았다. 세계의 중심이라 여기며 살았던 그들의 발달된 문화와 6.7도 강진에도 끄떡없었던 다각, 다면체의 석조 건축물들, 돌을 종잇장처럼 정교하게 자르고 조합했던 그들의 발달된 문화를 보며 스페인에 의해 점령되고 멸망했던 잉카의 미술작품들, 변형된 성화(聖畵)들을 통해 그들의 감추어진 슬픈 역사를 생각해 보았다. 정복자의 욕망과 피정복민의 아픔을 느끼게 해 주는 작품들이었다.

그러나 스페인이 너무 욕심을 부린 탓인가. 도시가 자기들 식으로 개조되어 스페인 어느 골목에 온 듯한 기분이 드는 게 아쉬웠다.

아! 마추픽추

잃어버린 도시 마추픽추

오얀타이람부 역에서 산악 기차를 타고 유네스코가 지정한 세계의 문화유산인 잉카의 잃어버린 공중도시 마추픽추에 올랐다. 아래에서는 보이지 않아 도시가 있는 줄도 모르고 몇 백 년을 지내다가 비행기를 타고 가던 중 발견한 공중도시. 세계의 모든 사람들이 가고 싶어 하는 곳 제1위인 마추픽추로 나는 가고 있다.

도대체 인간의 힘이 어디까지일까? 어떻게 이런 곳에 이런 것을 만들 수 있었을까? 어떤 과학적 기술을 동원하여 이처럼 정교하고 변형

없는 구조물을 만들 수 있었을까? 거대한 자연석을 쪼아 만든 태양신 퓨마, 칼로 자른 듯 각을 맞추어 세워진 석조 건물, 48다면체로 못 하나, 접착제 하나 없이 꽉 끼워 맞춘 석조 구조물, 산꼭대기까지 쌓아 올린 탑과 이어진 좁은 계단, 경작지, 사람의 힘으로 했으리라고는 믿어지지 않는 것들이 오랜 세월을 거친 오늘날까지 보존된 것에 그저 놀랍기만. 특히 그들의 평지인 해발 3,400m에서 시작하여 산꼭대기까지 이어진 폭 80㎝ 정도의 가파르고도 끝없는 계단, 저 길을 오가며 그들은 무엇을 했는지, 왜 저들은 이렇게 발달된 문화를 덮고 사라져야만 했는지, 그리고 어디로 어떻게 사라졌는지 의문에 의문만 남긴 채 내려왔다. 그 옆에 기대어 선 젊은 산이라 불리는 와추픽추는 그 답을 알고 있을까?

평지가 해발 3,400m이다 보니 뛰거나 달릴 수가 없고 천천히 걷고 가끔씩 심호흡을 하지 않으면 어지럽다고 미리 주의를 주었는데, 다행히 잘 올라갔다 왔다.

이곳 산악지대 사람들은 심장에서 혈관이 멀리 뻗질 못해 연골이나 뼈의 칼슘과 마그네슘이 부족하여 키가 크게 자라지 못한다고 한다. 키는 남녀 모두 작은 편이었지만 다부지고 건강한 모습이었다.

아래 인디오의 재래시장을 둘러보다 직접 짰다는 스웨터와 그들의 전통 무늬를 넣어서 만든 식탁 러너를 샀다. 기념으로 가게 아줌마와 사진을 찍었더니 손을 내민다. 이들의 순수한 인심을 이렇게 야박하게 만든 세상이 야속했다.

리마와 이카

날이 밝자 다시 비행기를 타고 리마로 왔다. 오늘 이카에서의 사막 투어는 정말 환상이었다. 스노보드 같은 것을 타고 몸을 보드에 납작 엎드려 경사진 사막을 스키처럼 내려오는 것인데 그 스릴과 짜릿함이 어떤 것과도 비교할 수가 없었다. 옛날 실크로드에서의 사막 투어는 모래 썰매 수준이었는데 그 사이 많이 발달했는지 너무 재미있어서 무려 5번이나 탔다. 코스의 길이와 난이도가 각각 달라서 경사가 심한 곳은 위에서 보면 아찔하였지만 가르쳐 주는 대로 속도를 조절하며 타니 재미있었다. 또 오아시스를 가르며 사막을 달리는 샌드 카(Sand car)의 질주 또한 스릴 만점이었다. 일부러 경사진 곳을 골라 모래바람을 일으키며 언덕을 달리는 동안 여행의 피로와 스트레스를 확 날릴 수 있었다.

나스카–리마

페루 관광은 경이의 연속인가?

500년간 그리고 1,500년간 보존된 900여 점의 그림이 서울 면적의 반 정도 넓이의 땅에 그려져 있는데 공중에서만 보인다. 그래서 여태껏 의문으로 남아 있다. 경비행기를 타고 가면서 보는데, 잘 보여 주려고 고도를 낮추어 이리저리 비행기를 기울이다 보니 속이 울렁거려 제대로 볼 수가 없었다. 게다가 조종사가 영어로 설명하는 터이라 세세히 알아듣기도 어려웠다. 설명에는 기구설, 외계인설, 그리고 나스카 시대에 그려진 그림이라는 설이 있다는데 그들은 왜 이 그림을 그렸을까? 그리고 어떻게 그렸을까? 더구나 문자가 없던 그 시대에 추측만이 난무한 가운데 오늘에 이른 나스카 문양. 원숭이 그림, 고래, 손, 우주인, 콘돌…….

땅바닥에 25~30㎝ 깊이로 판 거대한 음각 문양의 글씨가 완전 해독되지 않은 채 오늘에 이르고 있다. 더구나 이곳은 사막기후이고 지질이 석회석인데 직선과 곡선을 섞어 그린 이 글씨의 어떤 부분엔 물이 있다는 표시라니 평생을 바쳐 이것만을 연구한 학자도 명쾌한 결론을 내리지 못하고 현대 과학으로도 완전 해독이 안 된 것이 참 경이롭기만 하다.

이역만리 이곳 페루에도 우리 교포가 1,300여 명이 되고 20년 이민 역사라니 참 대단한 대한민국이 아닐 수 없다.

페루 여행 내내 함께한 가이드는 그 말 속에 가난하고 순박한 페루와 페루인에 대한 애정이 묻어 있어 저 사람은 이곳을 떠날 수 없겠구나 하는 생각이 들었다.

나스카에서 리마 신시가지로 오는 긴 시간 동안 본 사막 지역에 사는 사람들의 누더기 같은 삶이 눈에 어른거렸다. 전기도, 물도, 이웃도 여의치 않은, 1년에 100$도 벌지 못한다는 저들에게 삶은 무엇일까. 리마 신시가지의 밤은 그런 의문을 감추느라 화려하기만 했다. 쭉 빼입은 웨이터들은 팁에 깍듯이 친절했고 지나가는 사람들은 멋있고 화려했다. 그리 넓지도 않은 나라인데 이렇게 음영이 대비된다는 게 믿기지 않았다. 골고루 잘 사는 나라가 좋은 나라인데!

긴 여행의 끝, 좋은 사람들과의 헤어짐이 아쉽고 좋은 것 많이 보고 많이 생각할 수 있어 고마운 마음 가득하다.

출발해서 비행기만 11번 탄 긴 여행. 그러나 행복했다.

멕시코 여행

멕시코—캔쿤

Session 3가 끝난 3월.

지난번 남미 여행에서 남겨 둔 멕시코를 차분히 여행하기로 했다.

멕시코는 정말 가 보고 싶은 나라였다. 찬란한 Maya 문명에 대해서도 알고 싶었고 그렇게 발달된 문화를 자랑하던 멕시코가 오늘날 어떻게 하여 이렇게 되었는지도 보고 싶었다.

이번 여행은 LA까지 가지 않고 바로 Phoenix에서 Mexico city까지 가는 항공편을 이용하여 시간을 좀 단축할 수 있었다.

여행 떠나기 전 멕시코 출신인 Exchange learning하던 엘리사벳(Elizabeth)에게 기본 단어를 좀 배웠는데 친절한 엘리사벳은 예쁜 수첩에 영어로 Spanish Phrases를 잘 정리해 주었다.

US Air way 항공기를 타고 멕시코로 향하였고 마침 내 옆에 멕시코 여자가 앉았다. '꼬모 에스따스?' 하며 인사를 청하자 반가워하며 금세 친해졌다. 페트리샤(Patricia)는 수학 선생님이고 라스베가스에 있는 남편을 만나고 가는 길이라 했다. 서글서글한 눈매의 그녀와 이야기하느라 3시간이 언제 지나가는 줄 몰랐다. 53세의 젊은 할머니는 손녀 사진을 보여 주며 자랑했고 특히 지난 6월에 산티아고를 40일간 순례하고 온 따끈한 감동을 잘 전해 주었다. 울고 웃는 감동의 특별한 체험을 들으며 나도 그 감동을 가슴에 잘 간직하였다.

편안한 옷차림에 깨진 안경테를 매만지며 이야기하는 그녀는 결코 돈이 많아서 간 여행이 아님을 느끼게 해 주었다. 싸 온 빵을 나누어 먹고 메일 주소도 주고받고 사진도 찍은 후 아쉬운 작별을 했다. 따뜻한 페트리샤와의 만남으로 시작된 멕시코 여행. 좋은 예감이 들었다!

멕시코시티

평균 고도 2,300m에 자리 잡고 있는 세계 제1의 고도(高都)이자 고도(古都)인 멕시코시티. 아즈텍 문화와 스페인 식민지 시대의 문화, 멕시코 문화가 함께 자리 잡고 있는 멕시코의 수도이다.

오기 전 들은 자료에는 부패한 경찰과 빈부 격차, 타락한 교회가 이 나라의 발전을 저해하는 요소라 했다.

먼저 인류박물관에 갔다. 아즈텍 시대에 신의 계시로 호수였던 이곳에 도읍을 정했다는 유서 깊은 도시에 2개의 동물원을 포함한 44개의 박물관이 들어 서 있었다. 입구엔 독수리와 뱀, 선인장을 그린 국장문양이 눈에 띄었는데 특히 박물관에 들어가자마자 한 개의 거대한 기둥으로 건물 전체를 떠받친 독립기념 천사의 탑은 건축학적으로도 시대를 초월한 멋진 작품이었다.

먼저 아즈텍관에서 스페인의 침공 전까지 누렸던 번성한 문화의 흔적을 보았다. 그중에서 산 인간의 심장을 제물로 바쳤던 착몰(Chac mool)은 가슴을 서늘하게 하였다. 이 풍습은 아즈텍 문화의 중심이 되어 아즈텍 캘린더 및 피라미드 형태의 많은 신전과 문화의 유적을 남기고 있었다.

마야관에서는 그때 이미 0과 소수점을 사용한 발달된 문화로 52년 주기의 마야 캘린더에 윤년, 일식, 월식을 다 사용하였던 문명의 흔적을 보았다. 그러다 농경신을 섬기던 20만 마야인이 사라지고 영토 쟁탈을 위한 멕시코 전국시대를 맞게 되었다.

1964년에 지어진 이 웅장하고 멋진 박물관은 지난 1985년 8.8도의 강진에도 무사했다고 한다. 초청받은 외국 대통령도 다녀간다는 멕시코의 자존심인 인류박물관!

뿌리 깊은 나무가 다시 기지개를 켤 날이 올까?

과달루페 바실리카성당—캔쿤(Cancun)

코아탈러페(Coatalxope)라는 에스파냐 말에서 유래된 과달루페(Guadalupe)—악을 물리친 여인인 성모님이 지켜 주신다는 뜻—내가 살고 있는 동네 이름도 과달루페인데 이렇게 깊은 뜻이 있을 줄이야!

멕시코를 점령한 스페인이 전통적으로 태양신을 숭배하고 인신공양을 하는 멕시코인 800만 명을 가톨릭으로 개종시킨 획기적인 사건은 1531년 아즈텍 소년 '후안 데 디에고' 에게 갈색 원주민 모습의 여인으로 나타나신 성모님 덕분이었다. 소년의 망토에 새겨진 성모님의 모습은 지금도 변색되지 않은 채 보존되고 있었다. 과학으로 풀지 못하는 것이 신앙의 신비인가 보다.

과달루페 성모 발현 성당

루르드, 파티마와 함께 세계 3대 성모 발현지인 이 역사적인 성당에서 미사를 보게 되어 꿈만 같았다.

오후엔 비행기로 카브리해의 낭만이 깃든 캔쿤으로 왔다. 이미 낸 경비에 다 포함되었겠지만 여기선 모든 게 공짜~~! 하루에 몇 번이건 아무 때에 먹어도 되는 고급 레스토랑의 식사, 카페의 커피, 주스……. 모두가 Free!

호텔 문만 나서면 하얀 파도가 부서지는 바다. 수영복에 가운 하나만 걸치면 아무 데나 다 갈 수 있는 천혜의 휴양지였다. 놀랍게도 한국 신혼부부도 많이 오고 가이드도 사장님도 모두 한국인이었다.

어디에나 한국인이 없는 곳이 없네!

커 가는 한국, 원더풀!

캔쿤의 치첸이사

캔쿤 바닷가에 몸 담그고 놀고 싶은 유혹을 물리치고 페루의 마추픽추, 중국의 만리장성, 요르단의 페트라, 인도의 타지마할, 코르코바도의 예수상과 함께 7대 불가사의한 곳으로 지정된 치첸이사로 향했다.

42℃ 더위를 뚫고 왕복 7시간이 넘게 걸리는 힘든 여정이라 그거 하나 보려고 온전히 하루를 바치느니 포기하는 사람이 많다고 한다. 그래도 우리는 포기할 수가 없었다. 바다는 밤에, 새벽에 봐도 되니까!

가 보니 역시 오길 잘했다! 이곳 태양신 숭배에 빼놓을 수 없는 인신공양의 경기가 벌어지던 경기장을 보았다. 요즘의 축구와 비슷한 7명

마야 문명의 최대 유적지 치첸이사

이 한 조가 되어 하는 경기인데, 양쪽으로 나누어진 관람석 사이에서 고무나무 진으로 만든 럭비공처럼 생긴 딱딱하고 무거운 공을 손이나 발이 아닌 옆구리나 엉덩이뼈로 튕겨서 높이 매달린 골대 같은 구멍으로 넣는다. 보기만 해도 쉽지 않은 경기였는데 경기장은 왕에게 관중의 환호가 공명으로 크게 잘 들리도록 4도 기울어지게 만들어져 있었다. 이 경기에서 이긴 팀 주장의 가장 강하고 뜨거운 심장을 꺼내 바쳤다니 참 놀랍기만 하다. 치첸이사 앞에서 손뼉을 치면 탑에서 메아리가 울려 나오기도 했다. 이들은 1년을 18개월, 1달을 20일로 정하였고 발달된 수학과 천문학을 가지고 있었던 민족이었다.

캔쿤(Cancun) 바닷가

바다로 향한 호텔 풀장에서 대서양을 바라보며 시간을 보냈다. 각 풀장마다 휴일을 즐기는 젊은이들로 가득이다. 어딜 가도 젊음은 싱그럽다. 특히 수영장에서 터뜨리는 젊음은 눈부시다.

그래, 젊음은 하늘이 준 아름다움이고 아름다운 노년은 예술이란 걸 알고 있는지…….

아름다운 대서양의 그림 같은 캔쿤!

긴 미국 여행 중의 작은 여행—멕시코 여행을 마무리하고 다시 우리의 일상을 찾아 발길을 돌렸다.

루르드, 산티아고 카미노, 파티마

―성지로 가는 순례의 길

기다리던 4월 16일! 여기 미국 연수 온 것이 선물이라면 또 하나의 큰 선물은 산티아고를 가게 된 것이다.

꿈에 그리던 카미노! 드디어 이루어졌다. 그것도 남편과 함께!

여행 일정에 맞추느라 학교를 2주간 빼먹어 학점도 못 받고 비싼 등록금도 돌려받지 못하면서 감행한 산티아고행!

이곳 Arizona Phoenix의 성 김효임 골롬바 한인 성당 스테파노 신부님과 교우들과 함께 12박 13일 일정으로 성지순례의 정수라 할 루르드와 파티마는 물론, 도보로 산티아고 카미노까지 가게 되었다.

오기 전부터 산티아고에 관한 책을 몇 권 읽으면서 너무 동경하던 곳이라 산티아고가 아니면 비싼 등록금에 한 Session을 포기하면서까지 갈 마음을 못 내었을 것이다.

힘들지만 마음은 이미 산티아고에 가 있다.

새벽 5시. 사랑하는 이웃, 소윤 씨의 배웅을 받으며 Phoenix공항에 도착, 5시간 후 New York공항에서 4시간 대기, 다시 8시간 비행, 무려

13시간의 비행 끝에 드디어 첫 목적지인 스페인(Spain)의 Barcelona에 도착하였고 9시간의 시차를 무릅쓰고 내리자마자 순례가 시작되었다.

첫 순례지는 위대한 안토니 가우디(Antoni Gaudi, 1852~1926)의 예술혼이 살아 숨 쉬는, 아직도 미완성인 사그라다 파밀리아(Sagrada Familia) 성당과 구웰 공원을 보면서 시대를 앞서 간 천재의 불운과 열정, 그리고 그 천재성을 인정해 준 한 선각자 구웰의 위대함을 느꼈다.

후세인들의 칭송을 받는 이들의 공통점은 사심(私心) 없이 미친 듯 몰두하는 삶을 산 사람들이었다.

가는 곳마다 훌륭한 성당에서 우리 신부님과 함께 드리는 미사는 일반 여행객들이 느끼지 못하는 감동의 연속이었다.

성당 자체가 하나의 예술품인 파밀리아 성당에서 나도 고마운 가족을 위해 감사 미사를 봉헌하였다.

50만 Barcelona 인구에 1,300만 관광객이라니! 한 천재가 온 Barcelona를 먹여 살리고 있었다.

3일째

성모마리아 성지인 톱 모양의 산, 몽세라트(Montserrat)으로 갔다. 1,241m의 바위산 중턱에 자리한 붉은 담의 베네딕트 몽세라트 수도원이 그림처럼 엎드려 있었다.

배울 만큼 배우고 가질 만큼 가진 사람들이 이런 산속에서 오로지 기도와 묵상으로만 한평생을 살다 가신 게 믿기가 어려웠다. 이런 분들의 기도가 있어 이 세상이 이만큼이라도 아름다운 것이 아닐까?

슈비락스(Subirachs)의 조각 작품 '영생의 계단' 을 보고 몽세라트 소성당에서 미사를 봉헌한 후 세계 3대 합창단의 하나인 이곳 소년 성가대의 합창을 들었는데 변성기 이전의 소년들로만 이루어진 목소리는 그야말로 천상의 소리였다.

나오다가 이곳 특산물인 숟가락으로 떠먹는 마또(치즈)와 무화과 열매로 만든 전병 같은 것도 사 먹었다. Train을 타고 언덕을 내려온 후 향과 맛을 자랑하는 돼지고기를 절여서 만든 정통 스페인식 파몬과 스파게티로 점심을 먹었는데 정말 맛있었다.

오후에는 영성 수련으로 유명한 이냐시오 성인이 수도하면서 깨달음을 얻은 만레사 동굴을 보고 사막을 달려 삘라의 성모마리아 성당에 갔다. 고야의 천정 벽화가 눈길을 끌었고 스페인 내란 중 폭파하려다 기적적으로 불발되어 무사한 성당과 당시의 폭탄 2개를 보았다. 인간의 죄를 보여 주듯 부끄러운 모습으로 서 있었다.

관광은 없고 온종일 순례뿐이냐며 남편이 살짝 불평 아닌 불평을 했다.

4, 5일째

루르드로 가는 길!

루르드는 예수님의 어머니인 성모님이 처음으로 이 세상에 발현하신 가톨릭의 중요한 성지이다. 사라고사(Zaragoza)에서 루르드로 가는 4시간 반 동안 창밖은 백설, 눈 덮인 세상이 전개되었다. 해발 1,280m 지점. 오랜만에 눈(雪)을, 눈(目)이 시도록 보며 좋아하는 Arizona 교민들! 순례에 지친 우리를 위해 베푸신 특별 보너스인가 보다!

루르드엔 성모님을 만나러 온 세계인들, 성한 자 힘든 자 모두 모였다. 옛날 20년 전에 처음 왔을 땐, 많은 환자들이 이곳 루르드의 기적수를 마시고 병이 나아 멀쩡하게 걸어가느라 그들이 버리고 간 지팡이가 수북했는데 이번에 와 보니 녹슨 지팡이들은 없고 깔끔하게 단장되어 있었다.

처음 왔던 그 뜨거운 여름에도 그랬고 이번에도 역시 나를 감동시킨 것은 병이 나은 환자들보다 그들을 위해 성심성의껏 봉사하는 세계 각지에서 모인 봉사자들이었다. 먼 곳에서 많은 시간과 경비를 들여 고된 봉사를 자청하도록 저들을 움직인 힘은 무엇일까?

그것은 직경 1m도 안 되는 작은 우물이 온 세상을 적시는 샘이 된 것 못지않은 하나의 기적이었다.

바로 내 앞에는 몸을 가눌 수도 없어 휠체어를 탄 흑인 여자가 있었는데 그녀의 오그라든 손과 팔 그리고 그녀의 마음이 낫길 기도했다.

6일째

인류 역사의 큰 획을 그은 알타미라 박물관에 갔다 동굴은 마침 공사 중이어서 내부를 다 볼 수는 없었지만 이 벽화를 통해 불을 발견한 인간이 만물의 영장이 되면서 차츰 진화된 과정을 보았다.

오후에는 성모님 발현지로 알려진 가리반달에 갔다. 지금까지 성모님 발현지는 386건이나 되지만 교황청이 인정한 곳은 8곳이고 나머지는 유보 상태이다. 눈앞의 기적에만 의존하려는 약한 인간에게 주는 경고의 의미일 것이다. 눈에 보이는 기적이 가장 작은 기적이라 하지 않는가? 기적에만 의존하다 보면 신앙의 본체인 하느님을 잘 볼 수 없기에 가톨릭 교황청은 기적 심사에 아주 신중하다.

발길을 돌려 중세 시대의 디자인이 그대로 남아 있는 가장 아름다운 성당 중 하나인 레온 대성당으로 갔다. 말기 고딕양식으로 지어진 성모마리아께 봉헌된 아름다운 레온 소성당에서 미사 중 성경을 봉독하는 기회가 왔다. 감격스러웠다.

오후에는 내일부터 시작되는 도보 순례를 위해 순례자의 여권인 증명서(Credencial de Peregrino)를 발급받고 순례자의 집인 알베르게(Albergue)에 투숙하였다.

7일째

카미노 첫날!

4시 50분에 기상하여 빵과 커피로 간단한 아침 식사를 하고 6시 35분에 사리아(Sarria)를 출발하였다. 기대와 흥분으로 상기되었다.

조금 가니 111km지점 표지석이 보인다. 순례자의 가슴을 흥분으로 뛰게 하는 표지석과 몇 개의 알베르게를 지나 한없이 걸었다.

눈을 찌르는 초록 향연이다. 끝없는 녹색의 비옥한 땅에서 나오는 향기, 이름 모를 나무들과 숲길, 편안한 그늘, 쉴 새 없이 바뀌는 장면들이다. 휴게소에 점심을 먹으러 들어가니 먼저 도착한 일행과 먹고 떠나는 사람들로 짧은 만남이 이루어졌다. 살짝 비가 뿌렸지만 걷기엔 더없이 좋은 날이다. 사리아에서 포르토마린(Porto Marin)까지의 첫날 23km. 지금까지의 기도와 묵상이 무르익는 길. 이 길 위에서 다시 만날 하느님을 그리며 묵묵히 걸었다.

8일째

카미노 둘째 날!

부엔 카미노!(편안한 길 되세요!)—길에서 만나는 카미노끼리 주고받는 인사.

어제 머문 알베르게, 성당, 가게 등에서 찍은 스탬프를 자랑스레 간직하며 팔라스데레이(Palas de Rei)까지 오늘은 25.06km를 걸었다. 6시에 기상하여 식사를 끝내고 7시 30분에 출발하였다. 어제와는 달리 몸이 무겁고 비가 와서 약간 걱정이 되었지만 용기를 갖고 출발하였다.

원래 카미노는 횡(橫)으로 걷는 게 아니지만 어쩌다 만나게 되는 일행과는 나란히 걸으며 짧은 대화를 나누기도 했다. 자신이 걷고 있는 길에 대한 성찰과 묵상으로 절은 한마디가 오히려 화두가 되기도 하고 모든 사람의 삶은 특별하다는 것을 깨닫는 순간이기도 했다.

카미노 가는 길

오늘 먹은 점심의 Soup맛은 특별했다. Jamon이라는 햄과 Lenteja lent라는 콩, 당근을 넣고 끓인 것인데 우리나라의 녹두죽 같기도 한 게 아주 맛있었다. 알베르게에 가서는 무슨 대단한 발견이나 한 것처럼 먹은 것을 자랑했다. 다시 올 수 없는 곳이기에 아쉬움이 섞여서인가 보다.

어제는 남, 여 따로 잤는데 오늘 Meson de betino 알베르게는 광장 같은 방이어서 모두 함께 자게 되었다. 2층 침대에서 보는 풍경이 재미있었다. 이렇게 하여 신부님과 같은 방에서 자는 색다른 경험까지 하게 되었다.

9일째

카미노 셋째 날!

오늘도 비! 6시에 일어나 창밖을 보니 빗소리가 요란하다. 간단하게 식사를 하고 7시 30분에 팔라스데레이를 출발하였다.

오늘은 30km. 가장 긴 거리다. 비옷을 입고 바람을 맞으며 걸었다. 비옷을 입었다 벗었다를 반복하며 걸어서인지 속도가 좀 느렸지만 비에 젖은 시골 풍경은 그야말로 환상이었다.

카미노 시작하기 전에 하고 싶었던 고백성사를 카미노 길 위에서 신부님과 함께 걸으며 하게 되었다. 부드러운 흙길과 오솔길, 맑은 냇가를 건너며 하늘 아래 자연 속에서 본 성사!

천천히, 긴 설명으로 응답해 주신 귀한 말씀을 가슴에 잘 담아 두었다.

끝없이 이어지는 숲길은 인생의 여정 같아서 조급하게 달려가거나 겁먹을 것이 아님을 알려 주기도 했다. 어쩌다 늑대같이 큰 개가 짖어대기도 했지만 카미노가 생각보다 아주 외진 길이 아니어서 크게 무섭지는 않았다. k63.5(목적지인 콤포스텔라까지 63.5km 남았다는 뜻)에서 Stamp를 찍고 앞서 간 일행을 만나 함께 점심을 먹었다.

가는 길에 혼자 걷는 싱가포르 학생도 만났고 교사로 정년퇴직하자마자 혼자 나선 일본인도 만났다. 카미노길에서 만난 사람이어서인지 친근감이 들었다 아름다운 카사노바길을 지나 드디어 오늘 묵을 알베르게가 있는 아르주아(Arzua)에 도착! 짐을 풀고 휴식을 취한 다음 미사 후 성당에서도 스탬프를 찍었다.

10일째

카미노 넷째 날.

오늘은 7시 좀 늦은 기상이다. 20km. 가볍게 8시 10분에 패드로우조(Pedrouzo)를 향해 출발했다. 들길을 지나가다 멈추어 서서 사진도 찍고 넘어진 나무를 헤치며 걷기도 하며 약간 여유도 부리며 걷다가 노란 화살표와 주위의 지형지물을 잘 살피지 않고 알베르게가 있는 지점을 지나쳐서 3km를 더 걸었다. 되돌아오는 발걸음은 더 멀고 힘들었다.

길은 속도보다는 방향이 중요한 것. 인생길도 마찬가지여서 방향 설정만 확실하면 늦어도 도착하지만 방향이 틀리면 반대 방향으로 열심히 달려가 버려 목표와는 점점 더 멀어지는 것임을 생각하게 해 주었다.

11일째

카미노 마지막 날.

마지막 날이다. 도보증명서와 12시에 있는 콤포스텔라 대성당

콤포스텔라 대성당

(Santiago de Compostela)의 파견 미사 시간을 맞추기 위해 일찍 행군을 서둘러 목적지인 콤포스텔라 대성당에 도착했다.

압도하는 큰 규모와 짙은 이끼에 덮인 고풍스런 성당이 나를 반가이 맞아 주었다.

너무나 큰 감동이 온몸을 휘감아 피로를 느끼지도 못했다.

드디어 왔구나!

와, 해냈어!

함께 출발한 일행은 많았지만 이런저런 일이 생겨 끝까지 완주한 사람은 그리 많지 않았는데 난 끝까지 왔다. 사실 자신도 놀랐다.

생각보다 길이 너무 좋았고 순간순간 바뀌는 자연이 너무 아름다웠기 때문이리라. 게다가 내가 좋아하는 비가 계속 와서 걸음걸이는 무거웠지만 기분은 최고였다.

부슬부슬 내리는 비를 맞으며 감격에 어린 눈으로 높은 성당의 끝을 바라보았다. 꼭대기에서 "그래! 수고했다, 잘 왔어!"

마지막 날 내가 꼭 듣고 싶은 말이 하늘에서 들리는 듯했다.

광장에 도착한 나는 어깨에 멘 짐의 무게만큼이나 무거운 삶의 무게를 내려놓았다. 보이지 않는 짐을 내려놓기 위해 나는 이 먼 길을 왔다. 기뻤다.

도보증명서를 발급 받고 방명록에 Wonderful world, Beautiful people!이라 적었다. 하느님이 지으신 이토록 멋진 세상과 내가 만난 아름다운 사람들에게 감사의 마음을 담아서…….

산티아고 성당 주변을 천천히 걸으며 평화를 즐기는 이 여유!

무엇을 위하여 이 길을 왔는지, 어떤 열매를 얻을 것인지 앞으로의 생활이 말해 주겠지…….

12일째

파티마 가는 길.

마지막 밤은 아늑한 침대와 욕조가 있는 호텔방! 알베르게의 추억을 잘 간직하며 파티마의 성모님을 만날 준비를 하였다. 비는 여전히 창문을 두들기고 있었지만 Spain 국경을 통과하여 7시 40분에 포르투갈(Portugal)에 도착하였다.

Patima 성지에서는 무너진 베를린 장벽 한 조각이 광장 입구에서 우리를 맞이해 주는 걸 보면서 조용한 기도의 힘이 거친 이 세상을 지키고 있음을 느꼈다.

밤 9시부터 시작되는 촛불 순례 때 세계인이 모인 가운데 한국말로 울려 퍼지는 기도 소리가 아주 인상적이었다. 한국에서 온 다른 순례객들과 영국에서 온 한국 유학생 팀이 환호를 지르며 좋아하였다.

긴 성지순례를 끝내며 어려운 여정을 무사히 마칠 수 있었음에 감사드렸다.

13일째

마지막 날, 창문엔 비!

아침에 리스본공항에 도착하여 미국행 비행기 탑승.

New York공항에서 4시간 20분 기다리다 바꿔 타고, 13시간 비행 끝에 다시 Phoenix에 도착!

춥고 음산한 날씨를 떠나오니 애리조나의 따뜻한 날씨가 날 기다리고 있었다.

미 서부 자동차 여행

학교 공부가 끝난 5월!

공부는 끝났지만 미국의 문화를 직접 몸으로 느끼는 공부가 아직 남았다.

바로 자동차 여행! 미국 와서 꼭 해 보고 싶었던 여행이었고 새로운 동행도 있는 색다른 여행이었다.

AECP(American English Culture Program)에서 처음으로 만난 한국 Classmate! 미대에서 조각을 전공하고 미술 교사로 지내다 어학연수 온 지적이면서 차분한 학생 '현'과 생각이 맞아 일행이 되어 여행의 절반을 함께 다니게 되었다. 남편과 번갈아 운전도 하고 길 안내도 하며 라스베가스까지 좋은 시간을 가졌다.

피닉스—세도나—플래그스태프—페이지의 말발굽 협곡—앤텔로프 캐니언—레이크 파월 호수—모뉴멘트 벨리—아치스 국립공원—브라이스 캐니언—자이언 캐니언—캐니언랜드 국립공원—라스베이거스

—데스밸리 국립공원—요세미티 국립공원—샌프란시스코—몬트레이 해안—허스트 캐슬

세도나 성당(Sedona church)—몬테주마 성(Montezums Castle)—말발굽 협곡(Horse shoe Bend)

가기 전에 또 오게 되리라 맘먹었던 세도나(Sedona)에 예쁜 성당을 보기 위해 다시 왔다. 자연환경과 조화를 이룬 너무나 아름다운 성당이었고 난간 하나 벽 장식 하나도 예사롭지 않은 예술품이었다. 아래층 성물판매소에서 옹기토로 구운 십자가 하나를 사고 플래그스태프(Plagstaff)의 멋진 산속으로 환상의 드라이브를 즐기며 제1목적지 인디언들의 유적이 있는 몬테주마 성(Montezums Castle)으로 갔다. 사라진 인디언 문화의 파편에 불과한 주거공간이 산속에서 모습을 드러내고 있었다.

현기증이 날 것 같은 아슬아슬한 공중에서 내려다보는 말발굽 협곡(Horse shes Band)은 아찔한 아름다움 그 자체였다.

앤텔로프 계곡(Antelope Canyon)—레이크 파월(Lake Powell)—글렌캐니언(Glen Canyon)

밀가루 반죽인들 이리 부드러울까? 빛의 예술 앤텔로프!

정오를 중심으로 햇볕이 가장 잘 드는 시간에 예약해 둔 Jeep tour를 했다. 자연이 이리도 오묘할 수가 있다니!

서걱서걱 빨간 흙가루가 휘날리는 황무지를 달리는 차 귀퉁이에 영어, 중국어, 일어와 함께 '팁 주세요!' 라고 쓴 한글이 있어 웃음이 나

왔다.

바다 같은 파월 호수를 보트 투어한 후 글렌 캐니언(Glen Canyon)에 갔다. 눈에 보이는 장애물 하나 없이 크게 원을 그리며 빙 둘러 싼 캐니언. 놀라워라! '광활' 이 뭔지 확실히 보여 준 하루였다.

일행 중 노르웨이에서 온 세계 일주를 꿈꾸는 야심찬 한국 청년을 만났다. 무한한 한국의 힘을 느끼는 것 같아 흐뭇했다.

저녁엔 근처 마켓에서 산 과일과 빵, 요거트, 샐러드, 가져 온 햇반에 컵라면……. 진수성찬으로 먹었다.

모뉴멘트 벨리(Monument Valley)—아치스 국립공원(Arches National Park)

인디언 보호구역으로 설정된 곳에서 그들의 땅을 지키며 살아가고 있는 인디언들! 저 높은 산을 방패로 총과 싸웠던 그들의 슬픈 역사와 납작한 용모들이 왠지 마음에 남았다. 먼지를 풀풀 날리며 열악하게 살면서 장신구를 팔고 있는 그들에게 마음이 끌려 쓰지도 않을 것 같은 옥색 목걸이 하나를 샀다.

나의 정신을 흔들었던 아치스 국립공원, Park Avenue, Tower of Bable, Balnced rock, Three Gossips, South window, Landscape arch…….

말로 다 표현할 수 없는 자연적 아름다움의 극치, 그야말로 압권! 입을 다물 수가 없었다. 맨 처음 들어서자마자 본 Park Avenue! 사람이 일부러 조각한들 이렇게 할 수는 없을 것이다. 석양에 비친 웅장하고 아름다운 그림 같은 바위. 이런 데가 있다니! 신비, 신기!

내일 아침에 다시 올 것인데도 자꾸 뒤가 돌아다보이는 기막힌 곳.

유타주를 넘어오면서는 1시간의 시차(時差)가 생겼다.

Canyon의 종합 판이라 할 Canyon Lands를 보고 끝없는 황무지, 황량하고 거대한 바위사막 유타, 간간히 보이는 마주 오는 차들의 불빛. 무섭도록 황량한 정경. 그러면서도 어쩌지 못할 아름다움에 빠지며 한없이 달려서 Bryce Canyon으로 향하였다.

브라이스 캐니언(Bryce Canyon)—자이언 국립공원(Zion National Park)—후버댐(Hoober Dam)

위에서 내려다보는 정경이 일품인 오밀조밀한 브라이스 캐니언(Bryce Canyon)! 아기자기하기가 이를 데 없었다.

작은 성의 집합체 같은 Inspiration Point 가는 길에 Only horse ride, 다른 한쪽엔 Queen trail way라고 쓴 길을 보았다.

올려다보는 자이언 캐니언

내려다보는 브라이스 캐니언

얼마나 재치 있는 예쁜 마음인가! 글자 하나에 나는 그만 왕비가 되었다.

누가 구름의 그림자를 보았는가? 구름의 그림자가 산 위에 걸려 있었다.

2,778m 높이에 있는 구름이 머무는 곳 Stair way Cloud를 뒤로하고 사나이의 기개가 어린 자이언 캐니언(Zion National Park)으로 갔다. 하늘 아래에서 하늘을 찌를 듯이 서 있는 웅장한 자태들! 여긴 올려다보는 것이 시선을 사로잡는다.

애리조나와 유타주에 걸쳐 있는 후버댐. 애리조나의 젖줄인 후버댐 위를 거닐며 무한정으로 있는 자원과 자연을 부러워할 수밖에 없었다.

데스밸리(Death Valley)—요세미티(Yosemite National Park)

라스베이거스에서 1박을 끝으로 뉴욕 행을 준비하는 '현'과 헤어져 데스밸리를 거쳐 요세미티로 향하였다.

금광을 캐러 가던 사람들이 좀 가까운 듯한 이 길을 가다가 뜨겁고 험해서 많은 사람이 죽을 뻔했다는 곳. 해저 85.5m에서 해발 1,800m 올라갔다 다시 0m로 내려오는 아찔한 산길, Death Valley란 이름값을 하는 곳이었다.

넓디넓은 소금밭이 하얗게 깔려 있는 이곳은 여름엔 섭씨 58도가 넘어 타이어가 타 버려 운전할 수가 없어 6월 이후엔 출입을 통제하는 곳이기도 하다. 꼬불꼬불한 산길을 올라갔다 내려왔다 하는데 중간에 기름이 떨어지기라도 하면 어쩌나 하여 여간 마음을 졸이지 않았다.

국토 순례단을 방불케 하는 힘든 일정이지만 즐거움도 컸다.

데스밸리

하루 종일 보아도 부족한 요세미티!

가도 가도 끝이 없는, 사람도 차도 보이지 않는 삼림 속을 1시간 반이나 달려 겨우 Visitor Center까지 온 큰 규모에 놀랐다.

옛날 미국 서부 관광으로 잠시 점만 찍고 갔던 걸 생각하면 너무 딴판이다. 울창한 나무 터널 속의 삼림욕, 여기저기 아름다운 폭포와 계곡을 감추어 놓은 정말 멋진 곳이었다.

코스마다 있는 무료 버스! 표지판이 좀 빈약하여 찾는데 어려움이 있었지만 유명한 빙설(Glacier Point) 가는 길엔 여름인데도 눈이 쌓여 있었고 공원 전체가 맑고 깨끗하여 피곤한 삶의 휴식처가 되기에 충분한 곳이었다.

Sanfransisco

드디어 우리 여행의 종착지인 샌프란시스코!

다운타운 한가운데 있는 호텔이라 비싸려니 했지만 따로 내는 주차비만 하루에 40$이라니!

오기 전에 미리 약속한 미숙 씨와의 만남을 기다리며 어두워질 때까지 샌프란시스코 MOMA(The Museum of Mordern Art) 미술관에 갔다.

Katharina Wulff, Andy Warhol, Roy de Forest……. 20C 미국 현대미술을 대표하는 작품들과 Photography in Mexico전을 보았다. 'After a fight' 라는 싸움 직후의 모습들만 찍은 시리즈와 출산 직후의 여러 여성들의 모습을 담은 사진이 아주 인상적이었다.

샌프란시스코의 밤 기온은 턱이 덜덜 떨리는 정도였지만 은발이 멋진 미숙 씨 언니와 함께 안개 자욱한 밤바다의 금문교, 소살리토, 피어 39, 기라델리 초콜릿 공장, 페리 빌딩을 돌아다닌 드라이브는 정말 멋있었다.

맛보다는 분위기였지만 바다 한가운데 오클랜드 선상의 멋진 레스토랑에서 야경을 즐기며 먹는 가재요리 디너도 환상이었다.

다음 날은 미숙 씨와 동행한 털보 부부가 안내를 맡았는데 대단한 멋쟁이 전문 가이드였다. 토요일의 반나절을 보낸 피어 마켓. 여행의 진미를 느끼게 해 준 맛나고 예쁜 가게들. 이 가게 저 가게를 돌아다니며 구경도 하고 먹기도 하면서 제대로 된 즐거운 시간을 가졌다. 오는 길에 예쁜 유리 화병과 멋스런 모자 하나를 샀다.

오후에 간 게이(Gay)의 거리 비스트로에서는 나체로 거리를 활보하는 남자들의 진기한 풍경을 난생처음 보았다. 그저 신기하고 그들의 특별한 삶이 놀랍기만 했다. 어디선가 미국의 멋진 남자는 거의 다 게이라는 글을 읽은 적이 있는데, 만나는 사람들 대부분 다 건장하고 멋진 사람이었다. 가게마다 진열된 상품들과 거리 모습에서 그들의 Super sense를 느낄 수 있었다.

일요일엔 엔젤 아일랜드와 유명한 감옥 알카트라즈에 갔다. 지그재그로 된 예쁜 룸바드 꽃길도 아름다웠고 유행을 리드하는 유니언스퀘어도 좋았다.

놀라운 것은 길에 행인이 반, 홈리스가 반이었다. 멀쩡한 젊은이들이 아이폰까지 갖고 놀면서 길거리 생활을 하는 것을 보니 나라마다 어려운 문제가 많구나! 라는 생각이 들었다.

3일 계속해서 한 호텔에 묵어서인지 행복한 일도 있었다. 방에 들어와 보니 침대 위에 메모 한 장이 있었다. 'Dear Guest! Thank U!' 나도 얼른 답장을 남겼다. Thank You your message! I hope your dream have come true! 작은 팁에 답신을 보낸 종업원. 얼굴도 모르는 사람끼

룸바드 꽃길

리 주고받은 메모 한 장으로 세상 한쪽이 환해지는 것을 느꼈다.

몬트레이—17마일 드라이버길— 허스트 캐슬

태평양으로 이어지는 바다 수만 리 길. 달려와서 작은 바위섬에 몸 풀면서 부서지는 파도들이 그림처럼 이어지는 곳, 환상의 17마일 드라이브길!

영화배우 크린트 이스트우드가 시장(市長)으로 재직했던 부호들의 도시 몬트레이. TV에서만 보던 멋진 페블 비치(Pebble Beach) 골프장이 있는 곳, 아름다운 바다와 바위, 파도, 나무, 키 작은 많은 꽃들, 그림 같은 리조트…….

몬트레이. 여긴 꼭 한 번 더 와야겠구나! 싶게 마음을 빼앗긴 곳!

은 광산을 하던 부모로부터 받은 많은 유산으로 언론 재벌이 된 허스트가 지은 성 같은 집 허스트 캐슬을 마지막으로 10박 11일의 긴 자동차 여행을 마무리하였다.

여유와 선택의 재미가 있는 값진 여행!

자연은 아름답고 위대하였다. 우뚝 선 거대한 바위 앞의 조그만 나.

때로는 '야! 너희들 까불지 마!' 라는 것도 같았고 비경(秘境) 앞에서는 '이런 것은 몰랐지?' 라는 것도 같았다.

좋은 경치도 감동이었지만 여행 중 함께한 사람들, 사랑하는 미숙씨, 샌프란시스코의 야경(夜景)을 보여 준 미숙 씨 언니. 여행과 요리 전문가인 멋쟁이 털보 아저씨들이 준 감동은 더 큰 선물이었다.

역시 여행은 그분이 지으신 아름다운 세상과 아름다운 사람을 만나는 나들이임을 다시금 느끼게 해 주었다.

미 동부 여행

Canada—워싱턴 DC—Boston—New York

유타주를 자동차로 누빈 힘든 여행 후 일주일의 휴식 끝에 또 떠나는 다소 힘든 여정이었지만 이번 역시 멋있는 여행이었다.

아름다운 5월에 나이아가라를 포함한 캐나다, 미 동부를 패키지 투어로 갔다가 New York에 자유롭게 머무는 일정으로 계획하였다.

세계의 중심인 New York을 대충 휙 둘러보는 것으로 끝내기에는 너무 아쉬웠기 때문이다. 주로 지하철을 타고 다니며 미술관을 중심으로 걷다 보니 다리는 엄청 아팠지만 보람이 컸다.

워싱턴 DC(Distric of Colombia) 국회의사당—자연사박물관—백악관—제퍼슨기념관—링컨기념관—한국 참전용사기념관

1790년에 미국의 수도로 정해진 이곳 워싱턴. 고딕 양식의 아름다운 하얀색 돔의 국회의사당엔 근엄한 경비병들이 왔다 갔다 하고 있었다.

모든 이에게 평등한 미국의 법이 만들어지고 시행되는 곳. 작은 법도 모두에게 공평하게 적용되는 것이 지극히 당연하면서도 대단해 보였다. 이것이 거대한 미국을 움직이는 진정한 힘이 아닐까.

영화 타이타닉의 소재가 된 45.52캐럿의 싯가 300억 원이나 된다는 Blue Diamond가 전시되어 있는 자연사박물관의 쥬얼리관. Hope Diamond라지만 그것을 가진 사람마다 불행한 최후를 보냈다는 아이러니를 지닌 보석. 그림의 떡이어서인지 별 실감이 나질 않았다.

많은 거대한 공룡과 동물의 사진, 박제들을 전시한 이곳엔 남녀노소 많은 인파가 있었다.

생각보다는 소박한 백악관. 미리 예약하지 않아서인지 내부를 볼 수가 없어 아쉬웠다. 우리나라 청와대엔 아이들과 함께 안에까지 들어가 보았는데 9.11 때문인가, 철장 밖에서만 보았다.

백악관 건너편에 30년간 반핵 운동을 하며 천막 생활을 하고 있는 한 여자를 보았다. 우리나라 신문에도 소개된 바 있는 이 여자는 반평생을 하루도 빠짐없이 이곳에서 살았다니 신념이란 게 참 무서운 것인가 보다.

미국의 레오나르도 다 빈치라 불리는 헌법을 만든 제퍼슨은 서서 백악관을 보고, 링컨은 앉아서 국회의사당을 보면서 국가를 감시한다는 재미있는 설명을 들으며 자유와 평등을 동시에 지키고 있는 미국이 참 대단하게 생각되었다.

한국전쟁기념관은 마음이 가장 찡한 곳이었다. 'Free is not free' 라는 말이 아니어도 입구에 쓴 '자유를 위해 한 번도 가 보지 않은 곳에서 목숨을 던진 여러분을 국가는 명예롭게 기억할 것이다'라는 말이 가슴을 적셨다.

1950~1953년까지 수많은 전사자를 낸 한국전쟁. 비옷을 입고 서 있는 전사자들과 참전국의 이름이 새겨진 조형물 앞에서 전쟁의 비극과 함께 먼 이국땅에서 승화한 이들 넋에 대한 미안함. 그럼에도 지금도 떡 버티고 자유를 갉아먹고 있는 북한!

언제 우리에게 통일이 올까, 언제 평화가 올까. 마음이 아팠다.

미국 측 나이아가라 폭포—캐나다 측 나이아가라 폭포—천섬—몬트리올

7시간을 달려 나이아가라 폭포에 도착하여 미국 측에서 보이는 폭포를 보고 제트보트를 탄 후 캐나다로 가기 위해 국경을 넘느라 간단한 세관 통관 의례를 치렀다.

'작은 마을이 있다' 는 뜻의 캐나다. 여유 있고 자연 경관이 아름다워 다시 또 와도 여전히 살고 싶은 나라. 작은 호수까지 합치면 숫자를 헤아리기 힘든 호수의 나라. 작은 프랑스, 퀘벡을 가진 나라. 사회복지가 잘 되어 있고 흑인이나 인디언에 대한 인종차별이 없는 나라. 캐나다에 대한 사전 지식이다.

미국과 공유하는 나이아가라 폭포지만 그래도 높이가 53m나 되는 캐나다 쪽에서 봐야 제격이지! 여전히 허연 김을 푹푹 뿜어내며 떨어지고 있는 폭포. 이과수에 비교하면 아기자기하고 예쁘기도 한 폭포. 파란 비닐 비옷을 입고 선상에서 물보라를 맞으며 폭포 주변을 유람하는 안개의 숙녀호라 불리는 투어를 했다. 그때나 지금이나 정말 장관이었다. 옛날 이 선상(船上)에서 만난 제자 생각이 났다. 아끼던 제자 상욱이를 만나 너무 반가워서 파란 비옷을 입은 채 함께 사진도 찍었는데, 지금쯤 어엿한 아빠가 되어 있겠지!

다음 날 아침에 다시 폭포를 보러 갔다. 무지개 속에 물보라가 내려치는 안개비, 꿀비를 맞으며 밤새 단장한 폭포의 모습을 또 감상한 후 와이너리로 갔다. 아직 포도 철이 아니어서 포도는 없었지만 즐비한 오크통과 달콤한 Ice wine을 시음하였다. 가는 길에 두 사람만 들어갈 수 있는 세계에서 제일 작은 교회가 있었는데 그새 사라져 버려 아쉬웠다.

토론토로 향하는 길. 망망대해 같은 온타리오 호수를 보면서 일반 관광객들에게 입장이 허용된 온타리오 주 의사당과, 위에서 보면 눈동자 모양의 건축물로 시민들이 주시하고 있다는 의미를 지닌 토론토 신(新) 시청사, 유리 바닥으로 맨 아래까지 보이는 544m의 CN타워. 무서워서 발걸음도 제대로 못 옮기는 사람이 있었지만 난 맨 아래까지 보며 바닥에 앉아 사진도 찍었다.

유명한 토론토대학, 주말이어서인지 캠퍼스 안에서 결혼하는 부부를 몇 쌍이나 보았다. 신선하고 아름다운 결혼식, 참 보기 좋았다.

천섬–몬트리올

1,000개의 섬이 있다는 천섬에 갔다. 실제로는 1,800개가 넘는다고 하는데 조그만 섬에 그림 같은 집을 지어 휴양지로 사용하고 부호들이 아내에게 선물로 준 섬들도 많았다. 나란히 붙은 어떤 섬은 소유가 미국이어서 부부 싸움이라도 하면 해외에 간다며 옆의 섬으로 간다는 재미있는 얘기도 있었다. 가끔은 무인도도 있었지만 각기 다른 모양의 성이 있는 정말 아름다운 섬들이었다. 유람을 끝내고 바다를 보면서

멋진 레스토랑에서 연어 구이를 먹었는데 맛과 경치가 일품이었다.

퀘벡 주 인구 600만의 몬트리올(Montriol)로 향하였다. 가는 길에 LOUER이라 쓴 간판들을 많이 보았다. 빈집이란 뜻이다. 세계의 불경기를 실감하는 것 같았다. 여기는 대부분 은행의 장기융자(loan)로 집을 사서 20~30년씩 갚아 나가는데 실직으로 갚지 못하면 거리로 나가게 된다. 그래서 사무실이나 집들을 팔려고 내놓은 것이 가는 곳마다 많았다.

예수님의 아버지인 요셉 성인을 기리는 성 요셉 성당에 갔다. 입장료는 아니지만 2$씩 기부(Donation)하고 들어갔다. 규모도 크고 많은 기적이 이루어진 장엄한 성당에서 기도하고 미사를 끝낸 신부님과 함께 사진도 찍었다. 관광객인 우리를 위하여 몇 번씩이나 포즈를 취해 주시는 친절을 베푸셨다. 요셉 성인이 새겨진 묵주를 샀는데 물가가 보통 비싼 게 아니어서 2개만 샀다.

몬트리올을 개척한 매종네브 동상이 있는 다롱 광장에서 노트르담 성당을 보고 광장에서 불을 먹는 마술과 길거리 카페도 보며 예쁜 시가지를 거닐었는데 낌새가 수상한 사람이 계속 뒤를 따라와 조금 긴장하였지만 옆에 든든한 보디가드와 함께 있으니 걱정이 없었다.

비가 부슬부슬 내리기 시작하여 부지런히 걸어서 올림픽 경기가 열렸던 몬트리올 경기장을 보는 것으로 하루를 마무리하였다.

퀘벡

캐나다 속의 프랑스! 1535년에 발견한 캐나다에서 제일 오래된 주도(州都) 퀘벡에 왔다.

Break neck 계단

윈스턴 처칠과 루즈벨트 대통령이 전후(戰後) 대담을 한 호텔과 옛날 영국군에 대항하여 싸웠던 퀘벡선, 나도 벽화 속의 한 부분이 된 듯 그림 앞에서 사진을 찍었던 로얄 광장의 벽화를 보며 깨끗하고 조용한 도시를 거닐었다. 작은 스토리가 있는 가파르고 높은 Break neck 계단—금지된 술을 밤새껏 먹고 새벽에 집으로 오다 휘청하여 넘어져 목이 부러졌다나?—아래로 자리 잡은 올망졸망한 예쁜 작은 가게들이 즐비한 쁘띠 샹폴랭 거리는 지금껏 보아 온 풍경과는 사뭇 다른 분위기였다. 자그마하고 고풍스러운 빅토리아 성당과 노트르담 성당을 보며 멋진 레스토랑에서 프랑스식 저녁을 먹은 후, 다시 국경을 넘어 미국의 콩고드로 왔다.

콩코드—보스턴—우드버리(Woodbury)

이름도 근사한 하버드! 진짜 하버드 생인지 관광객인지 학교 안은 많은 사람들로 붐볐다.

우리처럼 사진을 찍는 걸 보니 관광객이네!

1636년 처음엔 목사 양성을 위해 지었다지만 지금은 세계의 석학, 미국의 자존심이 빛나는 곳이다. 대학 내에는 많은 장서를 자랑하는 도서관들과 미술관, 박물관이 지식의 산실(産室) 역할을 하고 있었다. 건물도 부럽고 학생들도 부럽고…….

하버드 동상의 구두는 사람들이 하도 만져서 반질반질하다. 미국에도 이런 애교 있는 행동도 있네~!

거기에 비해 유명한 과학도들을 배출하는 MIT(Massachusetts Institute of Technology)는 건물도 모던하고 심플했는데 교내를 돌아다니며 면학 분위기를 엿보는 것만으로도 만족스러웠다.

세계적인 보험회사인 푸르덴셜 본사 50층 건물도 멋있었다.

보스턴의 예쁜 장터인 퀸시마켓에는 조그만 가게에서 액세서리, 옷, 과일, 꽃, 식품……. 요것조것들을 파는데 그렇게 열심히 파는 것 같지 않고 어떤 가게는 주인도 없이 사는 사람보다 구경하는 사람들로 붐볐다.

미국의 쇼핑 문화를 알려면 아울렛을 가 보아야 한다. 별 살 것은 없지만 여행 일정에 따라 우드버리(Woodbury)에 갔다. 미국의 다른 아울렛과 별 차이는 없지만 가게들이 많고 서로 떨어져 있어 미리 계획하고 오지 않으면 제대로 살 수도 없겠다. 신고 간 운동화가 더워 슬리퍼 하나를 사 신고 티셔츠랑 간단한 몇 가지를 샀다. 위도(緯度)가 상당히 위쪽인데도 날씨가 꽤 더웠다.

어두운 밤, 뉴저지에서 건너다본 맨해튼은 그야말로 밤의 도시! 고층건물들이 서로 키 자랑을 하듯 형형색색의 불을 뿜고 있었다.

뉴욕(New York)

5개의 구로 나누어진 뉴욕, 맨해튼(Manhattan)의 피어17번가에서 자유의 여신상 크루즈할 배를 탔다. 도시의 상징이 되어 버린 자유의 여신상! 특별한 역사가 있는 것도 아닌 단순한 조형물을 보기 위해 수많은 인파가 북적이고 항상 관광객을 가득 태운 크루즈가 다닌다. 머리의 뾰족한 핀 하나만도 2m가 넘는다는 대형 조각물은 미국 독립 100주년을 기념하여 프랑스에서 보낸 선물이었단다.

복잡한 거리에 주차는 엄두도 못 내고 우선 차창을 통해 거리 풍경을 보았다. 며칠 후 찬찬히 볼 것을 생각하며 토머스A 에디슨거리, 프린스턴大, 삼각주형 모양이 특이한 다리미 모양의 21층 플랫아이언 빌딩, 석유재벌인 록펠러센터, 팬터하우스, 富村 콜럼버스 서클, 명품가 Fifth Ave, 타임스 스퀘어, 워싱턴 스퀘어, 소호, 피어17, 엠파이어스테이트 빌딩, UN 빌딩, 불탄 911 쌍둥이 빌딩, 새로 짓는 Freedom tower를 보았다.

1600년대 원주민 아오키 부족이 거주하던 벽이었던 월스트리트(Wall Street) 세계경제의 중심지에는 은행과 증권회사의 젊은 직장인들이 많았다. 취임 선서를 한 페더럴 홀 앞에 있는 워싱턴 대통령의 동상이 미국의 경제를 지켜보고 있는 듯했다. 미국의 경제가 풀려 세계경제도 빨리 회복되었으면 하고 기대해 보았다.

자랑스런 한국인, 반기문 총장이 계시는 UN 본부는 보는 것만으로도 가슴이 뿌듯하였다.

1931년에 지어진 엠파이어스테이트 빌딩(Empire State Building)에 갔다. 뉴욕시의 상징이 된 1970년대 초까지만 해도 102층의 세계에서 제일 높은 건물이었던 엠파이어스테이트 빌딩을 초고속 엘리베이터를 타고 1분 만에 86층까지 갔다. 전망대에서 온 뉴욕시를 다 볼 수 있었는데 완전히 고층 건물의 숲이었다.

계획된 일정을 끝내고 공항으로 가는 일행들과 헤어졌다. 여행에선 만남과 헤어짐이 반복되지만 일행과 헤어질 때 아쉬움이 남는 사람이 있다. 양평에서 주말농장을 한다는 양평댁(그렇게 부르며 지냈다)과 어린이 장난감 회사를 운영한다는 젊은 총무 부부가 그랬다. 이웃을 사랑하며 반듯하게 살아갈 좋은 분들이다.

내일부터는 본격적인 뉴욕(New York) 관광이다. 서둘러 지하철을 타고 브루클린(Brooklyn)에 있는 카멜리아 집으로 향했다. 일주일 패스를 사서 Q라인을 타고 가면서 창밖과 차 안을 구경했는데 얼마나 지저분하던지 깨끗하고 쾌적한 서울 지하철 생각이 절로 났다.

1시간 정도 걸려서 Sheepshead Bay역에 내리니 요셉 형제님이 기다리고 계셨다. 10분쯤 걸어서 조용한 주택가에 도착했는데 앞마당이 있는 3칸짜리 아담한 3층 주택이다. 세계의 도시 뉴욕에서 이런 집을 지니고 사는 걸 보니 참 대단한 한국인이시다. 우리는 그 집에서 제일 큰 화장실이 딸린 방에 짐을 풀었다. 옛날 선비들이 머물던 사랑방 같은 느낌의 검소하고 조용한 방이었다. 앞 정원에서 뜯은 상추와 깍두기로 맛있는 저녁을 먹고 반가운 마음에 늦도록 박식한 요셉 형제님과 좋은 시간을 가졌다.

자연사박물관(American Museum of National History)—타임스 스퀘어(Times Square)—브로드웨이(Broadway)

편안하게 자고 느지막하게 일어나서 할머니가 차려 놓으신 아침을 먹고 계획된 일정대로 자연사박물관에 가기 위해 지하철을 탔다.

지하철 안에서 어느 흑인 여성이 코스대로 화장을 하고 있었다. 검은 얼굴에 볼터치까지 하는 걸 보니 재미있기도 했다. 어디에나 저런 귀여운 여성이 있구나!

28$을 주고 산 패스카드를 사용했는데 지형지물에 밝은 남편 덕분에 복잡한 뉴욕에서도 길 걱정은 안 해도 될 것 같다.

맨 먼저 간 자연사박물관에서 중요한 6군데 관광지를 갈 수 있는 City pass를 샀다. 줄 서는 시간과 경비를 절약할 수 있고 꼭 가고 싶은 곳이 거의 다 있었다.

세계 최대의 과학박물관답게 자연사박물관엔 각 대륙별로 자연과

뉴욕의 중심 타임스 스퀘어(Times Square)

동물, 지리, 인류들이 있었는데 특수효과로 조명과 배경을 설치하여 동물들이 금방 튀어나올 것 같이 실체감을 살려 놓았다. 공룡, 코끼리에서 조류. 지구, 행성, 운석, 보석 등에 이르기까지 다양한 볼거리들이 많았다. 이런 곳은 한국에서도 일부러는 가지 않는 곳이지만 와 보니 아주 교육적이었다.

뉴욕 타임스의 사옥이 있어서 붙여진 타임스 스퀘어(Times Square), 젊은이의 거리에서 각국에서 모인 많은 인파를 구경하고 오늘 밤에 볼 뮤지컬의 입장권을 사러 갔다. 완전 사람 구경이었다. 예고된 5시가 조금 지나자 할인된 입장권을 팔기 시작하였다. S석도 한국에서 미리 예약하여 사는 것보다 훨씬 저렴하다. 뮤지컬도 보고 영화로도 본 적 있는 감동적인 '오페라의 유령'(The Phantom of the Opera) 티켓이다. 어두워지려면 아직 좀 더 기다려야 했기에 시내 구경을 하면서 한국 음식점이 많은 32번가의 유명한 설렁탕집에 갔다. 역시 대도시는 달라! 친절하고 음식도 깔끔하였다.

세계 뮤지컬의 중심지인 이곳 브로드웨이에서 뮤지컬을 본다는 게 꿈만 같았다. 멀리 극장에서 주인공의 마스크가 펄럭이고 있었다. 오늘의 주인공은 Hugh Panaro와 Trista Moldovan이었는데, 유령역의 Hugh Panaro의 음악과 연기는 숨이 막힐 정도였다. 감동의 눈물이 핑 나왔다. 휴식 시간에 나와서 주인공의 목소리가 담긴 CD를 샀다. 집에 가면 들어 봐야지!

11시, 늦은 시각이라 약간 걱정이 되었지만 지하철을 탔다. East river 위를 달리며 창밖으로 보이는 아름다운 브루클린 다리, 맨해튼 다리, 윌리엄스 다리의 야경을 다 보면서 갔다.

메트로폴리탄 뮤지엄(The Metropolitan Museum of Art)—센트럴파크(Central Park)—록펠러센터(Rockefeller Center)

아침 10시쯤 Sheepshead Bay역에서 B line 지하철을 타고 그렇게도 오고 싶던 메트로폴리탄 박물관에 갔다. 며칠을 봐도 모자라겠지만 오늘 하루는 거의 다 보낼 생각으로 편한 옷, 편한 신발을 신고 갔다. 330만 점 이상의 작품을 소장한 세계 제1의 미술관답게 넓고 복잡하여 미리 계획을 세우지 않으면 잘 볼 수 없기에 지도를 보며 갈 곳을 미리 점찍어 두었다. 마침 한글 안내 자료가 있어 도움이 되었다. 1층부터 2~3층 옥상의 현대 조각까지 두루 보았다. 이집트 미술과 1900년부터 현대까지의 현대미술, 유럽 회화와 미국 미술, 그리스 로마 시대의 조각품을 주로 보았고, 규모는 작지만 아시아 예술관에 한국 미술관도 있어 아주 반가웠다.

6시간 동안 발바닥이 아프게 많은 예술품과 예술가를 만났지만 나올 땐 아쉬웠다. 한꺼번에 너무 많이 봐서 문화 포식을 한 것 같지만 기억을 되살려 사진을 보아 가며 다시 음미할 것이다.

넘치는 물질문명 위에 이런 것까지 갖추고 있는 미국이 참 부럽다. 미술관 앞에서 파는 핫도그를 먹었다. 거리에서 거리낌 없이 먹는 핫도그의 맛과 자유가 그만이다!

복잡한 맨해튼을 사람이 숨 쉬는 녹색 공간으로 가득 채운 센트럴파크! 거대하고 아름다운 이 녹색 공간이 고층 빌딩으로 가득 찬 뉴욕을 살아 숨쉬는 곳으로 만들고 있는 것 같았다. 자리 깔고 누워서 선탠을 즐기는 사람, 강아지와 함께 가족끼리 나들이 온 사람, 운동하는 사람……. 자유롭고 평화로워 보였다. 미술관 관람으로 피곤한 다리를 잔디에 앉아 풀며 휴식을 즐겼다.

저녁은 오늘도 32번가에서 수제비와 칼국수가 섞인 칼제비를 먹었다. 뉴욕 한복판에서 이런 토속적인 우리 음식을 먹을 수 있다는 게 참 기분 좋았다.

오후에는 뉴욕의 심장이라 불리며 멋진 야경을 자랑하는 록펠러센터의 전망대(Top of the Rock)에 갔다. 밝을 때와 거리에 불빛이 들어온 후 위에서 보는 도시의 모습은 또 다른 얼굴을 하고 우리를 기다리고 있었다.

모마 미술관(MOMA—The Museum of Mordern Art)—성 패트릭 성당(St. Patrick' s Cathedral)—엠파이어스테이트 빌딩(Empire State Building)

토요일이어서 6번 도로에 프리마켓이 열리는 날이었다. 잘 구운 옥수수와 망고, 꼬치에 끼운 치킨과 란에 싼 햄버거로 길거리 식사를 하며 시장을 구경했다. 액세서리 가게에서 유리로 만든 목걸이도 사고 시장 구경을 즐기다 미술관으로 갔다. 주말 시장이 열리는 곳엔 미술관 못지않은 볼거리와 재미가 있었다.

드디어 마음을 설레게 하는 MOMA!

뉴욕을 뉴욕답게 하는 곳! 19세기 말과 20세기 현대미술을 총망라한 곳. 개인적으로는 메트로폴리탄보다 더 좋았고 만족스러웠다. 이런 곳에서 한 일주일쯤 있었으면 좋으련만…….

6층에서 내려오면서 감상했는데 한 벽면을 가득 채운 Monet의 '수련(Water Liles)' 앞에서는 입이 벌어졌다. Andy Warhol,

미술관 가는 길

Jackson Pollock, Hopper……. 미국 현대 작가들의 작품도 많았다. 정말 눈이 호사한 행복한 하루였다.

독일의 쾰른 성당을 본 떠 만든 미국계 아이리시들의 성당인 성 패트릭 성당(St. Patrick' s Cathedral)은 스테인드 글라스와 파이프오르간, 두 개의 높은 탑이 아름다웠다. 성당 안에서 마침 결혼식이 진행되고 있었는데 엄숙함보다는 화기애애한 분위기였다.

엠파이어스테이트 빌딩(Empire State Building)! 뉴욕에서 여기를 빼놓고는 설명이 안 되는 것 같다. 투어 때 보았지만 낮에 본 모습과 야경은 또 달랐다. 맨해튼과 뉴욕시 전체를 한눈에 볼 수 있는 이곳엔 사람도 많고 검문도 철저하여 전망 엘리베이터를 타고 올라가는 데만 한 시간이 더 걸렸다. 옷을 두껍게 입고 갔는데도 엄청 추웠다. 형형색색으로 장식된 고층 건물은 밤낮이 다른 두 개의 도시 같았고 과연 뉴욕이구나 싶었다.

구겐하임(Guggenheim Museum)—할렘(Harlem)—성 요한 성당(Cathedral of St. John the Divine)—컬럼비아대학(Columbia University)—소호(Soho)

미술관 순례의 마지막 코스인 구겐하임으로 갔다. 미술품뿐 아니라 독특한 나선형 모양의 건물로도 유명한 구겐하임에 대한 기대가 컸는데 소문대로 공사 중인지 한쪽만 개방하여 칸딘스키(Kandindky) 작품 몇 점 외에는 별 볼 것이 없었다. Senior 요금으로 싸게 들어갔으니 망정이지 억울할 뻔했다.

할렘가는 아직 위험하니 가지 말라는 사람도 있었지만 약간의 호기심도 있어서 꼭 가 보고 싶었다. 요즘은 많이 달라졌다고 들었고 마침 일요일이니 흑인 교회에서 가스펠(Gospel)도 듣고 싶었다. 135번가를 걸으니 흑인 문화를 살짝 느낄 수 있었다. 길거리에서 음악을 들으며 CD를 파는 할아버지도 몸을 흔들며 음악을 즐기고 있었고 교회 가느라 성장한 흑인 여성들도 정말 아름답게 보였다.

가는 길에 잃어버린 모자를 찾느라 시간을 보내지 않았으면 교회도 갈 수 있었는데 되돌아갈 길이 너무 멀어 포기하였다. 30분쯤 걷는 동안 유색인종은 단 3명 보았을 뿐, 정말 흑인 천지였다. 똑같은 인간으로 태어나 오랜 세월 동안 백인에게 노예로 팔려 다닌 기막힌 한(恨)을 이들은 어떻게 풀고 살았을까! 연민의 정이 앞선다.

아직 전체의 반도 지어지지 않았다는 성 요한 성당(Cathedral of St.

John the Divine)은 그래서인지 뒷부분은 텅 비어 있고 벽면에 예수님의 수난을 묵상하는 14처 조각상 앞에 넘어져 있는 커다란 나무 십자가가 인상적이었다.

날씨가 잔뜩 흐려 비가 오기 시작할 때쯤 컬럼비아대학에 도착하였다. 동부의 명문 대학을 굵어지는 빗속에서 잠시 거닐었다. 면학 분위기가 느껴지는 조용한 대학이었다.

가난한 예술가들의 거리 소호엔 지금은 거대한 쇼핑 지역이 되어 유명 브랜드들이 줄지어 있었지만 아직 한쪽엔 갤러리가 많이 있었다. 이곳도 무척 오고 싶었던 곳이다. 갤러리에 들르면서 미술품도 감상하고 길가의 예쁜 카페도 보며 걸었다. 이 비싼 거리에 한인(韓人)이 하는 가게도 있어 인사를 나누기도 했다.

오늘도 한식을 먹으러 32번가를 갈까 하다가 유명한 이 거리에서 먹어 보려고 이탈리안 레스토랑에 갔는데 인터넷에 소개된 맛있는 집이라는 소문과는 달리 맛도 없고 분위기도 엉망이었다. 손님이 많아지니 초심을 잃은 탓일까? 가게 이름을 기억하여 인터넷에 올릴까 하다 말았다.

일정을 끝내니 또 밤이다. 너무 강행군하는 것 같기도 한데 보고 싶은 곳이 많아 어쩔 수 없다. 대신 아침엔 늦잠이다.

카멜리아 자매가 아침에 과일과 요거트를 주시며 누구나 뉴욕에 오면 밤늦도록 다닌다며 많이 보고 가란다.

어쩌지? 이 고마움을! 다음에 한국에 오시게 되면 지금 받은 고마움을 좀 갚을 수 있을 텐데……

코니아일랜드(Coney Island)

뉴욕을 떠나는 날이다. 아침에 일어나니 비가 내리고 있다. 오늘 4시 비행기를 타려면 2시까지 공항에 가야 하고 결국 오전밖에 시간이 없다. 그래서 집에서 가까운 코니아일랜드(Coney Island)에 갔다. 브루클린의 가장 남쪽에 있는 뉴욕 사람들의 휴양지인 이곳은 백사장과 바다가 아주 아름다운 곳이다.

오늘은 비바람으로 사람이 없는 조용한 바닷가를 걸으며 13일간 캐나다와 미 동부의 보스턴, 워싱턴, 뉴욕을 여행하며 보고 느낀 것을 마음으로 정리하고 서로의 느낌을 주고받으며 여행을 마무리하였다.

바다엔 파도가 높고 바람이 세었는데 100m 간격으로 수상 요원들이 높은 망루에 앉아 지키고 있었다. 수영하는 사람이 한 사람도 없는데 우산을 쓰고 앉아 제자리를 지키고 있는 저런 사람들이 미국을 지키는 진정한 힘이 아닐까 생각하니 부럽기도 하고 우리는 왜 안 될까? 속상하기도 했다. 머리 좋고 부지런한 우리도 이런 사람들로 꽉 찰 날이 머지않아 오겠지.

집에 오니 따끈한 떡만두국이 준비되어 있었다. 점심까지 먹고 짐을 꾸렸다. 공항까지 요셉 형제님과 카멜리아 자매님이 배웅해 주셨다. 다음에 올 일 있으면 또 들르라는 말씀도 하셨다. 집안 식구처럼 편하게 잘 대해 주신 이 고마움을 어떻게 보답해야 할지 망설이다 침대 밑에 편지를 두고 왔다.

아름다운 경치보다 더 아름다운 사람들이 있어 여행이 가슴에 남는 게 아닐까!

옐로스톤(Yellowstone)

애리조나의 더위가 서서히 시작되는 6월!

미국의 마지막 여행지는 옐로스톤이다.

뉴욕의 기억이 아직도 생생한데 일주일의 휴식을 가진 뒤 또 길을 떠났다.

가야 할 날짜는 정해져 있고 갈 곳은 많고…….

이제 이 여행이 끝나면 짐 정리하여 서울 갈 준비를 해야 한다.

옐로스톤은 지리적으로 다른 여행지와는 떨어져 있어 동부나 서부 여행 중에 들를 수가 없어 하는 수 없이 따로 3박 4일의 일정으로 떠나게 되었다.

솔트레이크(Salt lake)—용암 온천(LAVA Hot Springs)

1시간 40분간의 비행으로 몰몬교의 본산지인 솔트레이크 시티에 도착하였다. 도시의 전체가 차분하고 깨끗하였으며 몰몬교의 본산지답게 1년에 100만 명이 넘는 관광객이 온다고 한다.

먼 나라에서 자비(自費)로 선교하러 온 몰몬교도 대학생들의 안내를 받으며 6개의 첨탑으로 구성된 교회와 11,623개로 구성된 파이프오르간을 둘러보았는데 정말 대단했다. 몰몬교에 대해서는 아는 바가 없어 자세한 설명을 듣고 싶었지만 그들의 지나친 열성 때문에 관심을 나타내기가 부담스러웠다.

도시의 이름이 된 Salt lake는 높은 염도(鹽度)로 생물이 살 수 없다 보니 지금은 사람의 발길이 끊겼다고 한다.

고대 인디언들이 발견하였다는 천연 미네랄 온천에 들러 온천욕을 하였다. 규모가 큰 LAVA 노천 용암 온천에서 첫날의 피로를 다 풀었다.

베어월드(Bear World) 옐로스톤(Yellowstone)

그림같이 경치가 아름다운 호텔을 떠나 야생동물의 천국 베어월드(Bear World)에서 자연에서 방목하고 있는 곰, 버펄로, 엘크, 사슴, 늑대, 돼지, 염소, 야크, 무스……. 많은 동물들을 보았다.

버스가 기다려 주는 버펄로 행렬

가는 길에 수십 마리의 버펄로 떼를 만났다. 모든 버스들이 서서 버펄로가 지나가기만을 기다리는 이색적인 풍경을 보았다. 드넓은 땅에서 자유롭게 살며 풍부한 목초를 먹는 동물들 역시 넓은 땅을 가진 미국은 동물의 천국이다.

세계 최초의 국립공원이자 세계에서 제일 큰 국립공원인 옐로스톤(Yellowstone)! 살아 움직이는 지구를 느낄 수 있는 곳. 만년설과 협곡, 간헐천이 활동하는 옐로스톤으로 향하였다.

공원이 워낙 거대하다 보니 5개의 입구와 5군데의 지역으로 나뉘며 각 구역마다 하루씩은 걸린다고 한다.

옐로스톤 안에는 약 만 개 정도의 가이저(Geyser)가 여기저기서 끓어오르고 있었는데 물이 맑아 솟아오르는 바닥이 다 보일 뿐 아니라 색깔도 다양하여 정말 아름다웠다.

Old Faithful Geyser는 한 시간마다 정기적으로 하늘로 치솟아 오르는 간헐천인데 이 장관(壯觀)을 보기 위해 수많은 사람이 운집해 있었다. 가이저 옆에는 360개의 객실을 갖춘 100년이 더 된 운치 있는 목조건물의 롯지(Lodge)가 있었는데 바로 발밑에서 지구가 숨 쉬고 있음을 느낄 수 있어 놀라울 뿐이었다.

매머드 온천(Mammoth Hot Spring)에서는 뜨거운 용암이 계단처럼 흘러내리며 지형을 변화시키고 있었는데 활동을 멈춘 것은 그대로 굳어 색다른 모습을 드러내고 있었다.

그랜드캐니언(Grand Canyon)—구리 광산—온천

콜로라도강이 흐르면서 600만 년에 걸쳐 만들어진 것이 Arizona의

살아 숨쉬는 옐로스톤의 간헐천

그랜드캐니언이라면 Yellowstone의 그랜드캐니언은 옐로우스톤강의 용암이 흐르면서 깎여서 만들어진 곳이다.

작은 이과수를 연상케 하는 우렁찬 Lower Fall, Uper Fall 중 수량(水量)이 많고 물색이 무지개 색으로 다양하게 비치는 가장 아름다운 곳이라 하여 이름 붙여진 Artist Point, 진흙이 끓고 있는 머드 볼케이노(Mud Valcano), 지구의 심장이 뛰는 소리가 들리는 듯한 드래건 마우스 스프링(Dragon Mouth Spring), 버펄로가 가장 많이 서식한다는 하이든 벨리를 지나 만년설로 덥힌 그랜드티턴산과 잭슨호가 있는 아름다운 그랜드티턴(Grand Teton)을 보았다. 1,370m의 엄청 높은 산봉우리인 그랜드티턴이 여인의 가슴을 뜻한다고 하니 약간 의아스럽기도…….

부시와 후르시초프가 평화회담을 한 곳으로 유명한 잭슨호 옆에 있는 Jackson Lake Lodge도 아름다웠다. 호수를 바라다보면서 분위기 있는 통나무집에서 이곳에서 유명한 버펄로 스테이크로 점심 식사를 하였다.

나를 계속 뒤돌아보게 만든 West Dump Lake는 떠나오기가 아쉬운 곳이었다. 좁은 나무 다리를 따라 몇 번이고 걸었다.

가는 길 곳곳에 Casino가 있어 인디언 보호구역과 인디언들에게는 허용된 도박에 대한 설명을 들었다. 자연 감소비율보다 더 인구가 줄고 있는 인디언들. 모뉴멘트 벨리에서 벌건 흙먼지를 뒤집어쓴 채 살고 있던 인디언들 생각이 났다.

옐로스톤을 떠나는 날. 가는 길에 구리 광산에 갔다. 위성에서 보면 사람이 만든 것 중 딱 2개만 보인다는 만리장성과 이곳 구리 광산. 광산에서 파낸 흙이 거대한 산을 이루고 있었다. 개인소유로 이런 큰 광산이 있다니 그저 놀라울 뿐! 기념으로 인디언 무늬가 새겨진 팔찌와 구리 핀을 샀다.

광활한 미국! 아름다운 옐로스톤!

정말 오길 잘 했다!

제5부

사람의 향기

침묵 IV
(37×24×68)

이웃! 내가 선택한 가족

미국 온 지 얼마 되지 않았을 때 아파트 Rent비를 내러 Office에 갔다가 뜻밖에 한국인을 만났다. 처음엔 동양인이긴 하나 한국인인 줄 몰라 조심스러워 말을 건네지 못했는데 배가 만삭인 새댁에게 몸조심하라고 인사를 하다가 한국인임을 알게 되었다.

먼 곳에서 만난 한국인 이웃! 그렇게 소윤 씨를 만났고 오늘은 그들의 파티에 초대 받았다. 아파트 안의 수영장에서 수영을 하며 삼겹살을 구워 먹었다.

함께 초대 받은 검은 피부의 African American인 Marbin 가족과 American과 결혼한 하얀 얼굴의 미나 가족까지 합치니 수영장이 꽉 찼다. 바야흐로 하얗고 노랗고 까만 사람이 다 모였다. 즐거웠다. 그래도 엄마들이 다 한국인이어서 그런지 애들과 남편도 한국적인 정서가 있었다. 한국 마켓에서 산 재료로 만든 피클을 가지고 갔더니 너무 맛있어 하는 게 영락없는 한국인이다.

입양아였지만 좋은 부모 만나서 잘 공부하여 지금은 약사로 일하는

Keli가 얼굴도 모르지만 자기를 낳아 준 엄마를 찾기 위해 한국 방송국에 영상편지 보낸 사연을 들으니 가슴이 찡했다. 남편 Marbin은 검은 피부에 모델 일도 하는 유머가 많은 미남인데 아내의 부모 찾기에 적극 협조하고 있었다. 부모님을 찾으러 한국에 오게 되면 우리 집에도 놀러 오라고 했다. 꼭 좋은 소식이 있었으면 좋겠다.

미국에서의 꿈같은 첫 여행을 끝내고 다시 일상으로 돌아 온 다음 날 학교에 가려고 차에 앉았는데 시동이 안 걸렸다.

아뿔싸! 비상등이 밤새 켜져 있어 방전이 되어 버렸다.

첫 등교 일에 이런 일이 생기다니!

조카도 아이들 등교시키느라 학교 갔고 어디 전화 한 통화 할 데도 없는 게 참 기가 막혔다. 어쩔 수 없이 그동안 가까워진 소윤 씨에게 하소연을 했다. 그런데 전화를 받자마자 갓난아기를 남편에게 맡기고 선뜻 학교까지 태워다 주는 게 아닌가? 등교를 포기하고 있었는데 무사히 학교에 갈 수 있었다.

정말 황당했었는데, 이런 도움을 받게 되어 너무 고마웠다.

가족은 하늘이 맺어 준 인연이라면 이웃은 내가 선택한 가족!

수업이 일찍 끝나는 수요일이라 운동을 하러 갔다.

겨울이 가시지 않은 2월이지만 바람이 살랑살랑 부는 게 운동하기엔 더없이 좋은 날씨이다. 게다가 요즘은 해가 많이 길어져 6시까지도 할 수 있다.

한국엔 65년 만의 추위가 몰아쳐 학교가 휴교를 했단다. 작년도 엄청 추웠지만 휴교까지는 안 했는데 얼마나 추우면 휴교까지 했을까?

오늘은 여기서 운동하다 만나 친하게 된 한국인 부부 명자 씨 집에 초대 받은 날이다. 운동을 끝내고 같이 그 집엘 갔다. 들어가는 Gate가 따로 있는 주택가인데 조용하고 널찍한 공간이 여유로워 보이는 동네다. 한국인이 이런 좋은 동네에 사는 걸 보니 자랑스럽다. 부지런하고 능력 있는 한국인들이 많아져서 잘 사는 모습을 보면 괜히 내가 부자가 된 것 같이 우쭐해진다.

지난번에 왔을 때 2층 작업실에서 많은 그림들을 보았는데 정말 대단하다. 여긴 땅덩어리가 넓어서 그런지 가까운 문화센터 같은 곳에서 소질을 개발하고 즐기는 곳이 없어 참 의아스러웠는데 이런 환경에서 문화생활을 즐기고 사는 명자 씨야말로 진정한 예술가란 생각이 들었고 아내의 취미 활동을 적극 후원해 주는 남편도 멋져 보였다. 다음 주엔 함께 미술 전시회에 가기로 하고 American style의 맛있는 저녁을 먹고 늦게 헤어졌다.

자자 클럽(jaja club)

오랜만에 아니, 처음으로 학교를 빼먹었다.

자자 클럽–명자, 순자, 명자 언니, 배자(jaja club에 들어오느라 배자로 이름을 바꾼 명자 언니의 미국인 남편)와 한국에서 온 목사님 부부, 그림 배우는 젊은 두 여자, 이렇게 많은 사람을 명자 언니가 집으로 초대하였다.

학교도 종종 빼먹고 진작 이렇게 좀 놀 것이지…….

주인을 닮은 집은 아기자기하고 깔끔하였고 직접 그린 그림과 젊었을 때의 멋진 사진들이 조화를 이루고 있어 마치 예쁜 화랑 같았다.

삼겹살과 상추, 치킨 바비큐와 월남쌈, 과일, 커피, 와인에 푸짐한 음식과 풍성한 대화로 시간 가는 줄 몰랐다.

특히 식사 전 목사님의 기도가 아주 인상적이었는데 멀리서 온 나를 위한 특별 기도까지 해 주셔서 황송하였다. 아마 한국에 가면 좋은 일 많이 하라는 말씀 같았다. 성당과는 사뭇 다른 분위기였고 이렇게 가까이서 목사님의 육성 기도를 들은 건 처음이다. 게다가 유머까지 있는 참 훈훈한 분이셨다.

일상을 넘어서 마음속에 무언가를 지향하는 사람들의 만남이어서인지 긴 시간이 아쉬울 정도였다.

올 땐 배자 씨(Rayn)가 뒤뜰에서 가꾼 레몬과 자몽을 접붙인 럭비공만한 슈퍼레몬까지 안겨 주었다.

즐거움이 한창일 때 장식장 앞에 진열된 조그마한 씨앗 병을 보았는데 상추씨는 상츄시, 고추씨는 고츄시, 쑥갓씨는 수갈시, 들깨씨는 둘개시로 적혀 있었다. 가슴이 뭉클하여 명자 씨의 둘개시를 마음에 파종하여 왔다.

문화가 산책

여기 와서 안타까운 게 도서관이나 서점에 가도 그림만 휙 볼 뿐 읽지를 못해 참 따분하고 답답하였는데 주말 나들이 겸 서점에 가서 간단한 읽을거리를 샀다. 내용도 쉽고 교훈적인 글들이어서 읽을 만했다. 다른 책도 보고 커피도 마시며 한가로운 시간을 보낸 서점가 나들이.

창 밖에 따사로운 햇빛과 시원한 바람이 행복함을 더해 주었다.

미국 와서 정작 하고 싶은 게 이런 거였는데…….

오랜만에 맛본 행복!

학교 공부가 대강 끝나면 이런 자유를 더 누리다 가야지…….

3월 새 학기를 시작하자마자 결석을 하였다. 스텔라가 Pason에 있는 멋진 별장으로, 같이 미술을 하는 Sera, Jenny와 함께 초대했다. 1박 하고 근처 Gallery까지 가는 일정이 좋아 망설임 없이 학교를 빼먹기로 했다.

특히 와인에서 커피에서 바비큐, 포크 하나에까지 신경을 쓴 Rayn의 완벽한 서비스와 정리는 가히 일품이었다. 코너마다 있는 그림과 조각들은 정리정돈은 단순히 깔끔하게 청소하는데 그치는 게 아니고 적재적소에 장식품까지 놓아 공간을 돋보이게 하는 것임을 알려 주고 있었다. 망원경도 있었는데 이야기하느라 사용도 못했지만 창을 통해 본 밤하늘의 별자리가 너무 아름다웠다.

벽난로가 타는 거실에서 음악 속에 파티가 끝나고 2층에 쭉 누워서 이런저런 이야기를 나누었다. 가진 사람의 여유가 좋은 취미와 어울려 돋보였다.

모두들 공부하는 월요일 아침, 향긋한 커피와 아침 식사를 끝내고 Gallery에 갔다. 아름다운 작품들이 많아 사진도 많이 찍었는데 금속공예가 특히 눈길을 끌었다. 모두 판매와 전시를 겸한 것이었는데 가격은 꽤 비싼 편이었다.

기념품 가게에서 Kokopelle 인디언들의 모습으로 만든 Key hanger를 15$ 주고 샀다. Gallery는 더 둘러보고 싶은 아쉬움을 뒤로하고 차를 탔다.

명자 씨와 함께 근사한 델 갔다.

애리조나의 부촌, Scottlsdale의 화랑가.

'와! 애리조나에 이런 데가 있었구나!'

한국의 인사동보다 엄청 더 규모가 큰 화랑가. 하기야 여기 애리조나 주의 땅덩어리가 우리나라 전체보다 넓으니까 당연히 이런 곳도 있어야지.

저녁 6시쯤 시작하여 밤 10시가 넘도록 돌아다녔다. 우리나라의 화랑도 이렇게 밤늦게까지 열면 많은 직장인들에게 도움이 될 텐데…….

관람객들 거의 다 지긋한 나이의 노부부였고 천천히, 느릿느릿 다니며 감상하는 모습이 보기 좋았다.

주로 화화 위주였지만 도자기, 금속공예품들을 전시하는 화랑도 가끔 있었다. 그림은 주로 100호가 넘는 그림들이 많았고 색채도 현란할 만큼 강인했는데 가격도 엄청나게 비쌌다. 그래도 잘 팔리나 보다.

한국인이 하는 화랑이 있어 일부러 갔다가 한국인 화가와 한국문학에 적을 두고 활동하는 문인을 만났다. 서명(書名)한 시집도 받고 그림 감상도 하면서 오랜만에 문화 포식을 하였다.

특히 함께 간 스텔라의 미국인 짝꿍 Rayn은 유머가 있는 사람이어서 유쾌한 시간을 가졌다. 피자 가게에서 피자와 와인을 먹고 재미있게 시간을 보내다 보니 11시가 넘었다. 미국 와서 처음으로 늦은 밤 외출이다.

다음에 오면 오늘 못 본 다른 쪽 화랑들도 둘러보고 싶다.

코코펠리(Kokopelli) 골프장에서 만난 명자 씨 부부와 함께 파이프 오르간 연주가 멋진 레스토랑에 갔다.

골프와 그림을 사랑하는 이들 부부와의 만남은 Kokopelli의 Green 위에서였지만 마음이 통해 남자들은 Field로, 우리는 Gallery로 다니며 예술과 신앙 얘기를 하며 참 행복한 시간을 보내곤 했다.

오늘은 파이프오르간 연주가 멋진 레스토랑에 초대를 받았다.

오래된 피자집인데 벽 전체가 실제 연주되는 악기로 꾸며진 곳이었다. 중후한 남자 연주자가 무려 4개나 되는 페달을 밟으며 연주할 때 벽의 악기들도 저마다 움직이며 소리를 냈다. 넓은 1층과 2층에 꽉 찬 손님들도 홍겹게 따라 부르며 즐거워하는 전형적인 미국식 식당이었다.

끝날 즈음에는 미국 국가와 캐나다 국가가 차례로 연주되었는데 미국인과 Snow birds로 온 캐나디안들이 모두 일어서서 함께 부르며 손뼉 치고 환호하였다. 개인적이면서도 자유로운 이들이지만 국가를 함께 부르는 시간만큼은 일체감을 느끼는 것 같았다.

음식도 맛있고 분위기도 좋은 곳이어서 줄을 서서 갈 만한 곳이었다.

고백

미국 와서 처음으로 고백성사를 보았다.

미국 신부님께 영어로 고백하는 게 아니고 한인 성당에서 한국 신부님의 예리하면서도 따뜻한 위로와 보속을 받으니 마음이 가볍고 후련했다.

11월 위령의 달을 맞이하여 먼저 가신 영혼과 특히 여행 중에 있었던 시아버지 제사를 생각하며 양가 부모님들을 위해 기도를 드렸다.

오늘은 '준비하는 사람의 자세와 내 안에서 흘러나오는 기쁨' 에 대해 강론하셨는데 느낌이 와닿아 많이 묵상하였다.

따뜻한 교우들의 분위기, 잘 준비해 오시는 신부님의 강론으로 한 주일의 양식을 준비하는 주일미사가 달디달게 느껴졌다.

성당 안드레아 형제님에게서 멜이 왔다.

문학에 꿈을 가진 사람이라 작은 도움이라도 되고 싶어 내 시집 한 권을 드렸는데 거의 외우다시피 읽은 그의 순수하고 진솔한 열정이 아름답다.

나이 탓인가?

요즘엔 사람이 남, 여로 보이지 않고 사람으로 보이는 것 같다. 좋은 안경 하나를 더 가진 기분이다.

초대—작은 여행

그래도 여기 온 지 7개월이 지나니 좋은 이웃도 있고 함께 운동할 사람도 생기고 가끔 초대도 받아 쓸쓸하거나 심심한 건 사라져 고마운 생각이 든다.

오늘은 스테파노 형제님 댁에서 구역미사가 있는 날이다. 배움이 깊은 분이지만 겸손하게 자기의 재능을 나누며 봉사하는 모습이 늘 보기에 좋았고 우리에게도 많은 정보로 호의를 베풀어 주신 분이다. 저녁을 먹고 8시에 모였지만 간단한 간식거리를 준비하셨는데 특히 어묵이 아주 맛있었다.

집 여기저기에 십자가와 성모상이 있어 기도하는 가정임을 알겠다.

멕시코의 과테말라 성당에서 사 온 묵주를 하나씩 선물로 드렸더니 모두 고마워하시면서 기도로 갚아 주신단다. 고마웠다.

이분들을 보면서 나의 신앙생활을 자주 돌아보게 된다.

여행으로 두 번씩이나 못 간 성당에서 하는 성모의 밤 행사에 갔다. 모두들 반가이 맞아 주시며 안부를 물어 왔다. 한국에 가면 많이 생각날 것이다.

오늘은 카타리나 부부와 오전에 골프를 하고 함께 점심을 먹었다.

카타리나 자매님은 현대에 살지만 조선 시대 여성처럼 조신한 내조의 여성이다. 건강이 좋지 않은 남편을 돌보느라 외출을 삼가는 대신 독서를 많이 하여서인지 어휘가 깔끔하고 정선된 느낌이 들었다. 특히 오랜 기도 끝에 성당 마당에 큰 금액을 들여 아기 예수를 안고 있는 성모상 조각품을 기증하게 된 경위를 들으며 그들의 성숙한 신앙에 머리가 숙여졌다. 한국적인 정서를 느끼게 하느라 한복 입은 아기 예수와 성모님 조각을 한국에서 들여오느라 오랜 시간이 걸렸다고 한다.

조국을 떠나오는 용단을 내며 자신의 인생을 다시 한 번 점검해 본 사람들이어서일까? 이곳 애리조나에서 만난 사람들 중엔 대단한 내공을 가진 분들이 많은 것 같다.

내일은 여기 와서 맞이하는 부활절이다.

서울에 있을 때의 신앙생활을 진지하게 되돌아보는 시간이 되었다.

한편 여기 신앙 공동체를 보면서 한국인의 저력을 새삼 느끼기도 했다. 외롭기도 하겠지만 한창 직장일로 바쁠 40대의 남녀 교우들이 열심히 봉사활동하는 것을 보니 정말 흐뭇했다.

성3일—예수님 최후 만찬 후 붙잡히신 목요일, 십자가 위에서 돌아가신 금요일, 예수님의 부활을 기념하는 가장 성대한 부활 전야 토요일—동안 성당에 가서 참례하며 부활을 맞으니 뿌듯했다.

신앙적으로, 인간적으로 부활하는 삶을 살아야겠다.

성지순례 1

성당에서 사순절 준비로 Yarnell Trailer에 있는 '야넬 성지' 에 갔다.

Yarnell 성지순례

겟세마니 동산을 닮은 돌산을 오르며 십자가를 지고 가신 길을 따라 가며 예수님의 고통을 묵상하는 14군데의 기도길이다.

제1차 세계대전 때 한 인디언 부상병 청년이 전쟁터에서 하느님께 드린 약속을 지키기 위해 제대로 배운 적도 없는 조각술로 주님의 동상을 훌륭하게 세웠다고 하는데 지금은 많은 외국인들도 찾아오는 훌륭한 기도의 성지가 되었다.

적당히 바람이 부는 시원한 날씨에 자연 속에서 드리는 기도가 참으로 달았다.

기도가 끝나고 여러 교우들이 준비해 오신 맛있는 점심을 먹었는데, 출발 전 글라라 자매님의 따끈한 찐 감자를 먹으면서 행복한 예감이 들었는데 아니나 다를까, 요리경연대회처럼 맛있는 음식이 줄지어 나왔다. 따뜻한 꼬치에서 도토리묵, 갓 찧은 쑥으로 만든 쑥개떡, 맛있는 배추김치, 파김치, 상추, 쑥갓과 불고기에 현미밥, 서리태 잡곡밥, 흰쌀밥, 라면……. 끝엔 다양한 과일과 커피. 완전 풀코스였다.

8명이 같은 차를 타고 가며 왕복 6시간의 긴 길을 지루한 줄도 모르고 재미있게 다녀왔다. 특히 얼굴도 고운 조 카타리나 자매의 다정다감한 말과 행동으로 하루 내내 행복했다.

성지순례 2

산티아고의 감격이 채 가라앉기 전에 성지순례 다녀온 기행문을 써야 했다. 나그네인 우리가 이 좋은 성지순례에 함께할 수 있었던 것에 대한 감사의 마음도 있어서 기꺼이 수락은 했으나 다음 주에 애리조나와 유타 지역의 여러 National Park 여행을 가야 하기에 마음이 급했다. 얼른 하지 않으면 안 될 것 같아 새벽에 눈뜨자마자 컴퓨터 앞에 앉았다.

성지순례 때 느낀 감동을 손상 없이 잘 전달하여 순례에 참여하신 분들에게는 다시 한 번 기억을 되살리는 기회가 되고, 순례에 참여하지 않은 분들에게는 그 감동을 조금이라도 나눌 수 있기를 기대하며 메모를 보며 적어 나갔다.

밥 먹고 화장실 가는 시간 빼고는 무려 12시간 동안 A4용지 5장에 쓰고 마무리한 후 신부님과 사목회장님께 원고를 각각 보냈다.

이렇게 긴 시간 동안 앉아서 할 일을 무사히 끝낸 것에 감사했다. 아직 체력과 기억력이 형편없지는 않은 것에도 감사를 드렸다.

내가 쓴 기행문은 5회에 걸쳐 성당 주보에 게재되었다.

가슴 뭉클 1

항상 친절하고 다정한 카타리나 자매가 언제부터 집에 한번 오시겠다더니 매콤하고 칼칼한 고추전, 청국장, 상추, 쌈장, 간장, 된장, 갓김치, 밑반찬, 누룽지……. 100% 무공해 식품들을 봉지봉지 양손 가득 들고 오셨다. 마치 친정어머니처럼.

외국 생활에서 남을 도와준다는 것이 마음처럼 그리 쉽지 않은 일인데 이렇게 자상하게 챙겨 주어 가슴이 뭉클하였다. 더구나 우리는 오래도록 함께 살며 주거니 받거니 할 이웃이 아닌 줄 알면서도 베푸는 친절이어서 더 고마웠다. 보드라운 상추쌈을 한 입 가득 싸 먹으면서 대가 없는 선행의 향기가 입 안 가득, 오늘 하루 내내 마음을 훈훈하게 해 주었다.

아무것도 줄 것이 없는 나는 카타리나 자매님의 가정에 영육 간의 건강을 위하여 기도만 듬뿍 드렸다.

가슴 뭉클 2

독감 예방주사를 맞았다. 한국에서도 매년 맞지 못하던 주사를 여기에 와서 맞았다.

성당 교우 중 간호사협회 회장을 맡고 있는 안나 자매님이 많은 간호사들과 함께 혈당, 혈압, 콜레스테롤, 중성지방, 저밀도, 고밀도 지단백, 당뇨 체크와 함께 독감 예방주사까지 무료로 놓아 주었다.

자기의 재능으로 봉사하고 있는 이 아름다운 모습이 가슴을 내내 훈훈하게 해 주었다.

성당에 가기 전에 남편의 머리를 잘라 주었다. 서울을 떠나올 때 주차장까지 배웅해 주며 마음을 흔들어 놓았던 헤어 원장이 전해 준 예쁜 가위로 사박사박 잘랐다. 한번도 배운 적 없는 가위질이지만 일러 준 대로 하니까 대충 되는 것 같았다. 내 머리도 거울을 보며 삐죽 자란 것을 조금 손질했다.

옛날 처녀 선생님이었을 때 애들 머리 잘라 주던 생각이 났다. 그땐 가위도 그냥 일반 가위였지만 그 둔한 가위로 여러 아이들에게 얼굴형에 맞게 잘라 주었던 걸 생각하니 그건 사랑이 담긴 가위였던 것 같다. 그렇게 잘라 주면 얼마나 좋아들 하던지……. 손재주가 아주 없진 않았던가 아니면 그때 학생들이 그렇게 착했던가.

어쨌건 남편은 미국 있을 동안 미장원 갈 일은 없겠다고 한다. 염색

해 주고 이발해 주고……. 내게 주는 고마움에 조금이나마 보답이 될는지…….

오늘은 박 베드로 씨 집에서 성당 구역 모임이 있는 날. 모여서 기도하고 좋은 시간을 가졌다. 깔끔하고 염렵한 자매님의 솜씨가 높은 천장의 예쁜 샹들리에와 바닥에 갈린 대리석과 어울려 아주 근사한 하루를 만들어 주었다.

여기선 파티를 해도 주로 각자 음식 한 가지씩을 가지고 오는 Potluck인데 한국에 살고 있는 사람들보다 더 맛깔스럽게 한국 음식을 준비해 왔다. 갈비찜, 삼색나물, 김치전, 두부찜, 호박죽, 겉절이, 캘리포니아롤, 생선 튀김, 튀각, 샐러드, 케이크, 커피……. 그중에서 내 입엔 굴을 듬뿍 넣은 배추 겉절이와 호박죽이 제일 맛있었다.

모두 바쁘게 일하면서 교리교사, 전례봉사, 레지오 등 신앙생활도 열심히 하는 분들이 놀랍다.

이렇게 먼 땅에서 열심히 반듯하게 살고 있는 사람들을 만나니 반갑고 고마운 마음이 들었다.

남편도 여러 사람을 만나 많은 대화와 맛있는 음식에 술을 마시다 보니 미국 와서 처음으로 취했다. 얼마나 지루하고 힘들었을까?

미안한 마음이 들었다. 오늘 하루 맘껏 마시고 취하면서 그동안의 스트레스를 조금이라도 풀었으면 좋겠다.

푸짐한 음식과 많은 대화로 시간 가는 줄 모르고 있다가 새벽 2시가 다 되어서야 집에 왔다.

나의 분신 나의 제자

1

벌써 37년 전이다. 이제 대학생의 엄마가 된 제자들. 개나리장학회의 총무 '민', '정'과 통화를 했다. 나 없는 동안 많은 일을 야무지게 잘 처리해 주고 있어 고맙기 그지없다.

이번 달엔 장학생이 있는 초등학교에 가서 새 장학생에게 장학증서도 전달하고 격려도 전하고 왔단다. 새로 뽑힌 장학생은 용모도 말쑥하고 심성도 착한 남학생이란다. 아직도 어려운 환경에서 공부하는 사람이 참 많구나! 이 학생도 앞으로 훌륭하게 자라서 작은 힘이라도 남을 도울 줄 아는 사람이 되기를 빌어 본다.

제자들과 함께 꾸려 가는 작은, 그러나 뜻만은 아주 큰 개나리장학회가 장학금을 받는 학생은 물론이고 함께 일하는 사람들 모두가 다 행복하기를 빌어 본다.

그런데 오늘, 참 고마운 일이 생겼다. 장학회의 새 후원자를 만났다. 어디에나 좋은 일에 동참하는 좋은 사람이 있기 마련이지만 먼 미국

땅에서 뜻밖에 새 후원자를 만난 것이 너무 고마웠다.

귀한 돈 잘 전달하여 장학회의 거름이 되도록 해야겠다.

이런 곳에 돈을 쓸 줄 아는 멋진 사람을 만난 오늘! 하루가 행복하다.

2

40년 전 교단의 첫 제자인 '영'과 통화를 했다. 한국과의 시차가 무려 16시간이나 되어서 시간 맞추기가 쉽지 않지만 그래도 맘먹고 통화할 땐 밀린 얘기에 시간 가는 줄 모른다.

지적이면서도 차분하고 내가 갖지 못한 것을 많이 갖고 있는 제자 겸 인생의 동반자가 되고 있는 믿음직한 그녀!

생각해 보면 참 특별한 인연이다. 학교를 졸업하고 한참 동안 만나지 못하다가 첫 아이의 학부모가 되어 내가 근무하는 학교에서 다시 만났을 때, 학부모가 된 어른이 아니라 처음 그 아이를 만났던 초등학교 4학년 때의 조그마한 여자아이가 나를 보고 웃고 있었다.

우리는 그렇게 다시 만났고 중학교 교사로 있는 그녀는 내 아들 둘을 가르쳤고 나는 다시 그녀의 아들 둘을 직접 간접으로 가르치는 인연을 갖게 되었다. 서로 취향도 비슷하여 새벽에 영어 학원을 같이 다니기도 하고 내면 문제를 같이 의논도 하는 참으로 특별한 사이가 되고 있는 제자이다.

멀리 떨어져 있어 보니 저쪽이 더 선명하게 보여 가까운 사람이 더 소중하고 뚜렷하게 보였다. 과학교육에 남다른 열정을 가지고 헌신하는 그녀의 남편과 잘 자란 두 아들의 안부를 주고받으며 반듯하고 올바른 삶을 살아가는 이들이 너 주변에 있다는 것이 참 고맙다는 생각이 들었다.

편지

이 똑똑한 사람이 날 닮고 싶다니!

선생님.
무사 도착인가요?
제가 넘 늦게 안부를 묻지요?
죄송이요.

선생님께서는 수속은 다 하셨겠구,
차량 렌트하시고 운전면허 국제로 돌리시구,
등등의 일과
젤 중요한 학교 수속까지 무사 마치셨는지요?
정말 즐거운 일은 계속인 듯해요.
이젠 비록 뜻하지 않는 일에 부딪쳐도
기다릴 줄 아는 여유가 생겼답니다!
벌써부터 보고 싶은 선생님,
정말 행복하시며, 건강하시기예요.
그리고 선생님의 선택의 후회가 찾아올 틈 없이
그 기회를 충분히 바쁘게 다 누리시며
그 속에서 제2의 새로운 인생 스케치를 멋지게 드로잉해 오시리라 믿고
전 대한민국을 지키고 있겠습니다.

토요일 아이들과 역사 수업 떠나는 첫날에

선생님을 닮고픈 L 드려요.

한국을 떠나기 전, 미국 가면 학생이라도 파티할 일이 많을 거라며 긴 원피스와 반짝거리는 손가방을 준비해 주더니, 여기 도착하자마자 이제 다시 시작하는 신혼부부이니 예쁘게 사용하라며 모란꽃이 수놓인 하얀 앞치마를 소포로 보냈다. 선물 포장을 풀고 편지를 읽는 동안 마음속으로 그녀를 향한 사랑이 보글보글 끓어올랐다.

이 예쁜 앞치마를 주일날 성당에서 점심 봉사할 때 입었더니 들고 가는 음식은 안 보고 앞치마 예쁘다고 야단이었다.

사랑스런 여인 L!

오늘따라 더 보고 싶다.

가족 생각

오늘이 남편의 생일이다.

한 해 한 해가 다 소중한데 쓸쓸한 생일이 되지 않을까 걱정되고 미안한 마음이 더해졌다.

팔자에도 없는 타국에서 생일을 맞이할 줄이야! 그래도 미역국을 맛있게 먹고 생일 카드를 읽으며 서로 마주 보고 웃었다.

금년 생일은 마음으로만 축하 받기로 하였는데 막내며느리가 결혼 후 처음 맞이하는 시아버지 생신을 가까이서 챙기지 못한 마음을 전해왔다. 예쁘기도 해라!

오늘은 멀리 있는 아들, 며느리의 축하 전화를 받느라 먹지 않아도 배부른 하루였다. 멀리 있어도 외롭지 않은 이유는 사랑하는 가족이 함께 있게 때문!

1월 22일, 한국은 오늘이 설이다.

성당에서 설 차례미사를 드렸다. 모두 고국을 떠나온 사람들이 맞는 명절이라 오히려 오붓하고 정성스러웠다. 지방에 고인(故人)의 이름을 써서 붙이고 향불을 피우면서 먼저 가신 조상님들과 부모님을 위하여 함께 기도하였다.

외국에서 맞는 설이라 감정이 더 절절하였고 새해의 다짐도 다시 하는 의미 있는 명절이었다. 성당에서 준비한 푸짐한 음식도 먹고 여기 시간에 맞추어 아들 며느리들의 전화도 받은 오늘, 이렇게 하여 추석과 설을 다 외국에서 보낸 한해가 되었구나!

오늘따라 선연, 정화가 보고 싶어 메일을 썼다. 평소에 하고 싶은 말들을 가득 담느라 긴 메일이 되었다.

요즘 날씨가 상당히 춥지? 감기 조심하길!

지금이 밤 12시! 이제부터 온전한 내 시간, 자유로운 시간이네.

오늘 이 조용한 시간에 사랑하는 나의 두 며느리들에게 내 마음을 전하고 싶어서 글을 쓴다네.

여자로 태어나 좋은 사람을 만나 행복한 가정을 이루는 것은 하느님이 주신 최고의 선물.

선연, 정화는 이렇게 만난 나의 가족. 하느님이 주신 선물이야!

여자는 결혼하면 그 가정의 중심이자 태양이 되는 거란다.

가정의 행복과 아름다움이 여자의 역할이기 때문이지. 모든 가정의 분위기와 수준이 다른 건 다 여자—어머니 때문이지.

부모가 자식에게 물려줄 최고의 유산은 grade라 생각해.

그런 의미에서 보면 나는 할 일을 다 한 것 같애.

너희들은 시작도 좋고 서로의 능력도 좋으니 함께 발전하면서 자식에게는 너희보다 한 단계 더 나은 수준을 물려줄 수 있는 부모가 되었으면 좋겠구나.

인생이라는 먼 길을 가기 위해선 함께 가야 하는데, 그 함께 중에 가장 중요한 존재가 가족이란다.

그러나 내 식구만 아는 가족이기주의는 금물이야.

사랑은 나눌수록 커진다고 하지.

내 것을 꽉 잡고 있으면 부모, 형제도 멀어지니 마음을 열고 서로 나누고 함께하는 자세가 중요하단다.

너희는 남남으로 만난 동서지간이지만 누구보다도 오래도록 함께 살고 의지해야 할 친 자매 같은 사이란다.

누가 먼저랄 것 없이 먼저 잘해 주길 부탁해.

가장 못난 사람이 경쟁해서는 안 될 사람과 경쟁하는 것이지.

너희가 서로 믿고 친해서 집안이 화목하고 융성하게 되길 바란단다.

마지막으로 당부하고 싶은 말은 처음의 열정과 꿈을 잃지 말고 생활 속에서 실천하길 부탁하고 싶구나.

사랑은 실천이고 정성이야!

나이 들고 아줌마가 되면 정성이 사라지기도 하는데 정말 싫은 일이지.

감동이 있는 생활을 꾸려야 해.

여자는 모름지기 피어도 있고 피면서도 있는 꽃이란다.

내 아들이 가장 사랑하는 여자!

바보 같은 일이라 남들이 말할지 모르지만 내겐 소중한 두 딸!

마음으로 통하고 마음으로 아끼는 사람으로 살자!

잘 자!

요리 시간

주말이라 조카네 집에서 배추김치와 부추김치, 연근조림, 깻잎찜 등 여러 가지 반찬을 함께 만들었다. 지난 주말에 오이소박이랑 멸치볶음, 부추김치를 만들면서 가능하면 주말마다 밑반찬이랑 한국 음식을 만들자고 했었다.

조카는 한국에서 온 지도 오래되었고 20년 가까이 여기서 지내면서 외식도 자주 하다 보니 한국 음식 만들 기회가 많지 않다가 같이 만들어 맛있게 먹게 되어 뿌듯해하였다. 마침 주말이라 느긋하고 여유 있게 요리하며 맛있는 저녁 식사를 하였다.

가까이 살면서 많은 의지가 되고 있는 조카네에게 이런 것이라도 할 수 있어 좋았고 나도 오랜만에 한국의 맛에 흠뻑 젖어 보았다.

이렇게 잠시 머무는 곳이라도 여행에서 돌아오면 여기가 제일 편한 것이 신기했다.

문을 여니 빈집에서 쌓인 먼지 냄새가 먼저 반긴다. 창문을 열고 빨래하고 청소부터 하였다. 따뜻한 겨울이 고맙다.

막 돌아온 피곤함을 뒤로하고 늦은 밤 송년미사를 보러 갔다. 해마다 해 오던 일이었기도 하고 여행 내내 감사한 마음과 이런저런 느낌을 기도하고 싶었다. 영성체를 모시기 전 평화의 인사를 나누는 시간에는 모든 교우가 손을 잡고 커다란 원을 만들어 일일이 서로 악수하고 새해 인사를 나누는 감동적인 미사를 드렸다. 늘 섬기는 자세로 사목하시는 신부님이 존경스럽다.

많은 시간을 함께했던 친구 같던 동생 데레사를 그리며 글을 써 본다.

역치

마루에 앉아 무심히 앞마당을 바라본다
녹색이 눈을 찌르고 있는 7월 한낮
어디선가 새 한 마리 날아와
빈 나뭇가지에 앉는다
순간,
빈 나뭇가지가 움찔한다

우거진 녹음 제쳐 두고
갈색 꼬챙이로 서 있는 빈 가지로 날아가는 새
새는 알고 있을까
한 번의 스침이 빈 나무의 몸을 훑고 지나간
울림의 크기를

중환자실에서 면회를 마치고 나오는 길
초췌해진 얼굴을 애써 감추며
눈 뜨자마자 새끼 걱정부터 하는 그녀

빈 나뭇가지 같은 어깨가 움찔한다
긴장된 絃 위에서 탱탱한 소리를 내고 있는
그녀의 역치(閾値)
고통의 강도가 강해질수록 높아만 가는 저 수치(數値)
감히 누가 감당할 수 있을 만큼의 시련이라 할 수 있을까
고통이 일상이 되어도
빈 나무를 움찔하게 할 스침의 인연을 만들어
발효시키는 오늘
그녀의 하루가 아름답다

* 역치: 생물체가 자극에 대한 반응을 일으키는데 필요한 최소한도의 자극의 세기를 나타내는 수치.

벌써 주말. 또 한 주가 간다. 한 달은 느린데 한 주는 왜 이리 빠를까? 한가로움을 맘껏 누리려 왔는데 주말이 왜 이리 좋은지. 일찍 일어나야 하는 부담 없이 마음껏 늦게까지 있어도 된다는 것이 좋다.

대단한 일을 하거나 쓰는 것도 아니면서 벌써 새벽이 되면 정말 게으른 사람이 따로 없구나 싶다. 그래도 밤이 깊어지면 생각도 깊어지는 것 같고 낮에는 잊고 있었던 것들이 떠올라서 좋다. 혼자 좋아하고 혼자 부끄러워하는 시간이다.

문득 운전하던 남편의 옆모습이 생각난다. 귀 밑에 자라난 흰머리가 너무 길어 보였다. 아침엔 머리부터 잘라 줘야겠다. 머리와 함께 자라는 쓸쓸함까지…….

위대한 한 해

미국에서 맞는 새해 첫날!

참 벅찬 감동. 2011년은 정말 위대하였다.

작은아들 장가가고, 큰아들은 아빠 되고, 우리는 미국 오고…….

모두에게 큰 변화의 한 해였다.

금년 한 해도 꿈을 실현하는 해가 되길 마음 모아 기도를 드렸다.

성당에서 미사 후 맛있는 떡국을 주셔서 어제, 오늘 새해 기분이 확실하게 든다.

새해 첫날이라 조카네 아이들 민지, 민교가 한복을 곱게 차려입고 세배를 하였다. 준비한 세뱃돈을 주니 난생처음 받는 세뱃돈이라며 좋아한다. 어디서나 세뱃돈 좋아하는 건 마찬가지인 것 같다. 그래도 이런 풍습을 이어 가고 있어 기특하기만 하다.

금쪽같은 Spring break! 9일간의 휴가!

그러나 지난주부터 시작된 감기 기운으로 밤새 기침하고 머리도 어지러워 별다른 계획 없이 충분한 휴식과 밀린 일들을 하기로 맘먹었다.

리스트를 작성해 보니 할 일들이 7가지다. 맨 먼저, 학교 숙제부터 하고 메일을 몇 개 보내고 Facebook 정리하고, 개나리장학회의 인사말을 써서 보냈다.

오전에는 명자 씨와 함께 홍 목사님 교회에 한 번 가기로 했는데 길이 멀다고 목사님이 오신단다. 참 자상하시고 인간적인 분이셨다.

항상 먼 곳에서 바라만 보는 신부님, 이렇게 가까이 오시는 목사님…….

교회 안에서 사역하시는 목사님 모습과 또 목사님을 돕는 명자 씨의 모습을 보며 평신도로서 나의 모습을 재조명해 보았다.

오늘 목사님은 어려운 상황에 있는 어떤 분의 어려움을 돕는 방법과 구원과 내세관에 대한 성당과 교회의 다른 점을 말씀하시려고 오신 것 같았다. 많은 말씀을 들려주셨고 나의 견해도 말씀드렸지만 강요하거나 왜곡된 모습은 없었다.

긴 시간을 기꺼이 허락하신 이런 목사님이 많이 계시다면 성당과 교회는 다른 곳이 아닐 텐데…….

달콤한 휴식

너무 기대하고 기다렸던 탓인지 이렇게 허망하게 방학이 지나가는 게 처음엔 속상했지만 마음을 바꿔 먹으니 그래도 아플 때 방학이어서 충분히 쉴 수 있었고 나머지 시간에는 Arizona Mills에 가서 쇼핑도 하면서 느긋한 며칠을 보냈다. 생각보다 엄청 싼 가게를 찾아서 저렴하게 사는 재미도 쏠쏠했다.

산티아고 순례를 준비하기 위해 매일 운동하기로 생각했는데 하루도 실행에 옮기지 못해서 제일 속상했다. 하루 앞도 내다보지 못하는 게 사람인 것을…….

지난겨울 남미 여행을 함께 갔던 유학생 판사 부부를 만났다.

자기들의 방학을 맞이하여 여기 애리조나로 여행을 온다고 메일로 일정을 물어 왔다. 지성과 겸손을 겸비한 젊은이들이라 참 좋은 인상을 받았었는데 그냥 스치고 말아도 되는 인연이지만 이렇게 연(緣)이 또 닿게 되었다.

요즘엔 내내 감기로 고생을 하고 있지만 밤늦은 시간에 1시간이나 운전하여 Phoenix 한식당에서 만났다. 함께 여행한 다른 일행들의 이야기도 나누었는데 좋은 사람들이어서 그냥 헤어지기가 아쉬워 계속 만나고 있다고 했다. 젊은이들은 감정에 적극적이고 자기 의사표시가 확실해서 부럽고 좋아 보였다.

이번에 함께 여행하며 좋은 생각과 말로 공감을 나누었던 참한 의사 정 선생 생각이 났다. 그녀가 준 책과 메모를 여행의 소중한 기억으로 간직하고 있는데 갑자기 보고 싶었다.

그들은 함께 여행했던 페루의 나스카 문양에 대한 책을 선물로 주었다.

좋은 젊은이들이다. 앞으로 한국 법조계의 중요한 일을 할 사람들이라 생각하니 좋은 인성을 가진 것이 참 고맙고 다행스럽게 생각되었다.

소윤 씨랑 애기가 집에 놀러 왔다. 한 박스 산 라면이 너무 많아 반을 덜어 주고 차도 마시고 여러 대화를 나누었다.

처음엔 영어로 대화를 시작했지만 수다를 떨다 보니 자연스럽게 한국말이 튀어나왔다. 오호! 편하고 쉬운 우리말이여!

놀다 보니 계획에도 없던 저녁까지 함께 먹게 되었다. 여기 살 동안 누구를 초대해 함께 식사할 계획은 전혀 없었던 우리에게 함께 식사할 일이 생기다니! 그래서 여벌 수저가 없었다.

나는 나무젓가락에 플라스틱 숟가락으로 먹었고 별다른 준비 없이 집에서 먹던 대로 함께한 저녁 식사였지만 너무 훈훈했다.

상추, 갓 구운 스테이크, 김치찌개, 콩자반, 멸치볶음, 야채와 과일 샐러드가 전부였지만 푸짐하고 맛있었다.

이웃과 함께 우리 집에서 식사하는 복된 시간을 가진 것이 아주 흐뭇했다.

아쉬움이란 선물

한국으로 갈 때 아쉬움을 담아 갈 사람이 또 생겼다.

이건 순전히 덤이다. 계획대로 있다가 일정을 마치고 그냥 가방 들고 공항으로 향하면 끝일 거라고 생각했는데, 헤어지기 서운하고 아쉬움과 그리움을 안고 갈 수 있다는 건 너무 큰 선물이다.

루시아 자매님과 함께 글라라 자매님 댁에 초대를 받았다.

산티아고 여행을 통해서 데레사, 루시아, 글라라 세 형님들을 알게 되었고 가까워졌다. 어디서 이런 훌륭한 인생의 선배를 만날 수 있을까? 헤어지기가 정말 아쉽다.

유난히 솜씨가 좋고 통찰력과 스케일이 커서 옆에 있으면 삶을 보는 시야가 넓어질 것만 같은 루시아 형님.

꼭 필요한 때에 김치랑 밑반찬을 살그머니 주시곤 하던 따듯한 마음으로 나누기를 즐기던 분!

수도원에서 10년이나 계셨던 데레사 형님은 제일 연장자이지만 늘 당당하고 절제된 모습으로 전체를 무언 중에 리드하셨다.

자신의 중요함과 품위를 아시는 분!

깔끔하게 잘 정돈된 집과 따뜻한 마음, 화끈하고 베풀기 좋아하시는 글라라 형님을 우리는 '보소 보소 형님'이라 불렀다. 신학교 교수 같은 남편을 그렇게 불러서인데 점잖고 박식한 형제님은 만날 때마다 남편과 신학에 대한 주제로 진지한 시간을 가지셨다.

집 안에는 어느 때나 들을 수 있게 강론집이 담긴 카세트가 있어 생활 속에 뿌리내린 깊은 신앙심을 느낄 수 있어서 퍽 인상적이었는데 그중 몇 개를 우리에게 선물로 주셨다.

묵은 김치로 맛을 낸 고등어조림, 북어로 끓인 미역국…….

맛깔스런 한정식으로 푸짐하게 점심, 저녁까지 먹고 시간 가는 줄 모르고 지낸 하루였다.

보소 보소 형님, 감사합니다!

오늘은 63번째 맞이하는 나의 생일.

여기서 맞는 생일이어서인지 색다른 선물을 받았다.

남편표 미역국!

사실 모레부터 2주간의 여행이 있어 냉장고가 텅 비어 달리 먹을 것도 없었는데 간도 맞고 맛있었다.

부엌 근처에도 안 가는 남편으로선 대단한 용기이다.

고마운 동반자! 고마운 선물!

여행 준비의 하나로 머리를 손질하러 갔다가 펌을 하였다. 조카의 소개로 몇 번 오게 된 미용실인데 여기 올 때마다 느끼는 게 있다.

자기 일에 전문가가 되려면 즐겁게 일하는 것이라는 사실을!

천직을 갖는다는 건 어느 사람에게나 행운이라 할 수 있는데 그것은 일을 재미있게 하느라 세월 가는 줄 모르는 사람들을 두고 일컫는 말이다.

자기가 좋아하는 일을 직업으로 삼아 즐겁게 일하는 게 얼마나 큰 행복인가!

나도 초등학교 어린아이들과 함께 지내면서 그들에게 배우고 함께 노느라 40년 세월이 후딱 가 버렸다.

2학년이던 영규에게서 받은 느낌을 쓴 글를 떠올려 본다.

숨은 그림 찾기

아이들과 머리 맞대고
신문 한 귀퉁이에서
그림을 찾는다

숨겨진 삶을 찾는다

실눈 뜨고 고개 젖혀 멀리도 보고
부릅뜨고 자세히도 보며
잠자는 영토를 흔들어
숨겨진 보물을 찾는다

내 눈엔 숨죽여 숨었던 그림들
맑은 영혼 냄새라도 맡은 듯
줄줄이 아이들에게로 달려든다

지난날 버린 열정
오늘 다시 버려야 하는 부끄러움을
덩어리째 삼키게 하는 숨은 그림엔
또 다른 세상이 일어나는 소리가 있다

숨은 세상이 있다

떠날 준비

빨래하고 청소하고 텅 빈 냉장고에 넣을 것을 사러 식품점 2군데를 갔다. 이것저것 사면서 가는 날까지 모자라거나 남지 않게 안배를 해 가며 샀다.

고춧가루, 참기름, 드레싱, 간장, 된장, 미역, 다시마, 통깨는 있는 것으로 가는 날까지 먹고……. 쌀 이외에는 남지 않고 잘 맞을 것 같다.

앞으로 남은 9일간 매 끼마다 먹을 식단을 짰다. 쌀과 물, 과일, 양념, 야채들을 남거나 모자라지 않게 하기 위해서이고. 한식에는 식재료가 많이 들어가니까 남은 재료들만 쓸 음식을 해야 한다. 미역국, 된장찌개, 떡국이 주 메뉴이고 블루베리, 블랙베리, 망고 등 과일들을 넉넉히 샀다. 가벼운 식사 대용으로 먹을 누룽지도 넉넉히 만들었다.

올 때 한 트렁크 갖고 온 책은 분류하여 필요한 사람들에게 주느라 다 나누어 놓았다. 그래도 여기 사는 동안 생긴 짐이 있어 짐을 줄이는 중이다.

은행에 가서 잔액을 남기지 않고 현금으로 다 찾은 후 카드도 반납하고 자동차보험도 정리하였다. 여기 은행은 이자는커녕 매달 사용료를 내는데 그냥 가 버리면 마이너스로 누적되어 혹시 다시 미국에 와서 은행 업무를 볼 경우 나도 모르는 사이에 신용불량자가 될 수가 있다.

인터넷, 전기, 하나둘씩 챙기니까 정말 갈 때가 다 되었음을 실감하게 된다.

한국에 있는 손자 우진이도 예쁜 짓 많이 하며 무럭무럭 잘 자라고 있겠지! Facebook에서 앞머리를 짧게 자른 모습이 너무 귀여웠다.

같은 나라 안에서의 여행도 땅이 넓어서인지 시차가 몇 시간이나 되다 보니 괜히 피곤해서 다른 일은 못하고 현충일이라 쉬고 있을 아이들, 친구들에게 전화하며 시간을 보냈다.

여행으로 2주일을 거르고 성당에 갔다.

주보에 지난번 산티아고 갔던 기행문이 연재되고 있었다. 쓸 때는 다소 부담이 되었지만 이렇게 활자화되어 여러 사람에게 소개되니 읽으시고 인사 전하는 사람이 많아 쑥스러운 한편 뿌듯한 마음도 들었다. 여기를 떠나면서 이곳 교우들에게 드리는 좋은 선물이 된 것 같다.

오늘은 성당에서 월례 골프 모임이 있는 날이다. 여태 한 번도 안 갔는데 떠나기 전이라 기념으로 참석했다.

Grand land 골프장인데 경치가 워낙 유명하여 성수기인 겨울철에는 250~300$이나 하는 곳이다. Grand Canyon이 병풍처럼 보이고 잔디도 아주 좋았다.

43도를 웃도는 더위에 물을 얼마나 마셨는지, 그래도 좋은 추억 하나 더 쌓고 가니 좋았다. 갈비와 냉면으로 저녁을 먹으니 여기가 미국인지 한국인지 착각이 들 정도였다.

피곤하고 시간도 늦었지만 오늘은 꼭 야구장엘 가 봐야 한다.

소윤 씨의 남편 동수 씨의 아마추어 한인 야구가 오늘 Season off하는 날이다. 그동안 여러 번 초대를 받았지만 한 번도 못 갔다.

6개나 되는 넓은 야구장 중 3개 구장에서 게임을 하고 있었는데 정식 감독이 심판을 보면서 대낮처럼 밝은 야구장에서 더위도 잊은 채 가족, 친구들의 응원을 받으며 열심히 운동을 즐기는 사람들을 보니 정말 보기 좋았다.

늦은 밤까지 끝까지 보느라 힘들었지만 넓은 야구장만큼은 부러웠다. 오늘 게임은 아쉽게도 외국팀에게 5:3으로 졌지만 동네 아마추어 선수를 위해서도 이런 좋은 경기장을 마련하고 있는 미국. 참 좋겠다!

마지막 준비

ASU 박 교수를 만나 점심을 먹었다. 그동안 서로에게 도움이 되었던 한국어 Assistance 시간을 회상하며 이야기를 나누었다.

좋은 만남이었고 함께 시간을 갖다 보니 그녀가 가진 인격의 깊이가 더 느껴졌다.

식사는 중동 음식인 치킨캐밥(Chicken Kabab)과 치킨샤워마(Chicken Shawerma)를 먹었는데 숨은 맛집처럼 아주 맛있는 집이었다. 박 교수는 이란에서 어릴 때 산 경험이 있어서인지 중동 음식을 좋아하는 것 같았다. 저번에는 '둑' 이라는 Yoghurt drink를 먹었는데 오늘 망고 주스도 상큼하였다. 아는 사람을 통해 귀하게 구한 '리무시린' 이라는 이란 레몬을 가지고 왔다. 정답기도 하여라! 차게 하여 먹어 봐야겠다.

이로써 애리조나에서의 공식적인 나의 일정은 끝났다.

짐 싸는 것을 마무리하면서 마음을 정리하였다. 아쉽기도 하고 빨리 가고도 싶은 마음을…….

미국 여러 곳의 국립공원을 자동차로 Tour했던 나의 마지막 Classmate '현!' 긴 여행을 끝내고 휴식도 취하지 못한 채 시애틀로 떠나는 그를 만났다.

점심을 먹자고 하여 갔더니 예쁜 사연을 빽빽이 적은 카드와 Gift card를 내민다. 여동생과 둘이서 정성 들여 쓴 내용을 읽으니 따뜻한 마음이 느껴진다. 우리도 함께 여행하여 즐거웠는데…….

준비해 간 페이퍼 타월, 간장, 된장 등 생활에 필요한 몇 가지를 쓰라고 주었다.

긴 미국 생활 중 많은 것을 보고 느꼈지만 역시 사람에게서 받은 감동이 훨씬 더 가슴에 남는다.

아직 세상은 아름답고 아름다운 사람들이 많다.

이것저것 떠날 준비도 할 겸 쇼핑을 하러 갔다.

한국에서는 너무 비싼 골프웨어, 선글라스를 좋은 가격으로 샀다.

세일 이름도 많다. 며칠 전에는 Father' s day 세일을 했다는데 오늘은 Independence day 세일, 오늘 하루만 한다는 Senior 세일까지, 여기도 불경기여서인지 제값 주고 사는 게 드물다.

여기에서의 쇼핑은 필요한 것을 사는 것만이 아닌 즐거운 외출이어서 남편과 함께 가족과 함께, 친구끼리, 연인끼리 잘 오는 것 같다.

이제 갈 날이 다가오니 벌써 한국에서의 약속이 몇 개나 잡혔다. 한가롭게, 여유 있게 살려는 계획을 잘 실천할 수 있을지 걱정이다.

피닉스 성 골롬바 성당에서 마지막 주일미사를 보았다. 많은 교우들과 작별 인사를 하였는데 아쉬운 마음 한량없었다.

우리가 속한 길벗 구역에서는 사연을 적은 예쁜 카드와 케이크 그리고 따로 준비한 선물들을 주셨다.

곳곳이 성지(聖地)인 한국에 와서 성지순례할 꿈들도 세우니 다시 만날 기약이 머지않아 이루어지면 좋겠다.

떠나는 미국 생활이 아쉽기도 하고 얼른 가고 싶기도 하고…….

운전하고 오는 밤길에 감사 기도가 절로 나왔다.

나그네인 우리에게 베푼 교우들의 순수한 사랑이 귀하게 와 닿았다.

송별식을 끝내고 안드레아 부부와 함께 골프장에 가서 송별 골프를 쳤다. 날씨가 더워 얼음물을 얼마나 마셨는지!

그래도 재미있게 잘 쳤다. 골프 천국인 애리조나에 있을 때 많이 쳤어야 하는데 좀 아쉽긴 하다.

가격이 합리적이라 아침 시간보다 더운 낮에는 많이 싸다.

운동 중에 늑대도 보고 야생 토끼, 다람쥐 등 많은 동물들을 보면서 눈인사를 하였다. 얘들아, 너희도 잘 있어! 안녕!

아침 일찍 차(車)를 한국으로 보냈다.

우리보다 먼저 가지만 한 달 후에나 도착할 것이라 겨울옷과 신발들을 실어 보냈다. 올 때 가지고 온 책들은 아는 사람들에게 다 분양하고 그 자리에 여기 살면서 생긴 옷들을 넣었다.

전기밥솥, 커피포트, 드라이기, 전기스탠드, 진공청소기, 침대, 오리털 이불, 책, 쌀, 생수, 페이퍼 타올, 모아 둔 쇼핑백까지……. 쓸 만한 것들은 다 분양했다.

서울에 있는 몇 분께 이제 곧 간다는 인사를 드렸다. 약간 설레고 마음이 가볍다. 서운한 느낌도 함께여서인가?

차가 없으니 온종일 집에 갇혀 있다가 오후에 명자 씨 부부가 집에 와서 함께 나갔다. 저녁 먹기엔 시간이 일러 팥빙수를 먹고 이야기하다 커피러쉬에서 커피를 마셨다. 어디서나 차 마시며 이야기 나눌 벗이 있다는 건 좋다.

지난여름, 온 지 얼마 되지 않았을 때 여기서 팥빙수를 처음 먹었을 땐 너무 반가웠다. 16$ 주면 작은 대야만한 그릇에 담아 주는데 조금씩 덜어 먹는다. 서울 가면 가끔 가던 곳에서 좋아하는 팥빙수를 다시 먹어야지!

길게만 느껴졌던 1년이 어느새 끝나고 이제 하룻밤만 자면 간다.

마지막 날을 아침 7시부터 명자 씨 부부와 함께 답슨(Dabson) 골프장에서 운동하며 보냈다. 한국을 40년간 못 와 봤다며 Medical tour로 가을에 나올 계획과 함께 한국에서 지낼 이야기로 바빴다. 그새 맛있는 점심을 준비해 놓은 명자 씨! 따뜻한 밥과 잡채, 나물을 곁들인 정성들인 음식을 먹으며 참 고마운 인연, 좋은 사람을 만난 것에 감사하며 아쉬운 이별을 하였다.

성당 교우 두 분이 공항까지 배웅해 주신다는 전화를 하셨다. 말씀만으로도 감사가 넘친다. 헤어질 때 아쉬운 사람이 있을 줄은 생각지도 못했기에 더욱 감사하다. 모름지기 사람은 사람과 더불어 살며 사랑하며 배우는 것임을 다시 느꼈다.

마지막 세탁을 한 후 짐 싸는 걸 완료했다.

큰 물건들이 다 빠져나가니 집이 헐렁하였다.

오늘 이 밤만 지나면 서울에 간다고 생각하니 가슴이 설렌다.

잠자리에 들어서도 잠이 잘 오질 않았다. 함께 지낸 1년을 회상하느라 서로 생각에 잠겼다.

언제 또 올 수 있을까?

일생 동안 가장 긴 여행인 미국 나들이!

안녕 나의 집

지나고 나니 꿈만 같다.

아침 늦게 눈을 떴다. 아무것도 할 일이 없는 것 같았지만 그래도 떠나는 집 정리를 다시 하였다.

아름다운 사람은 머문 자리도 아름답다는 말을 떠올리며…….

7시 비행기에 맞추어 4시 40분에 집을 나서기 마지막까지 컴퓨터의 전원을 켜 놓았다. 아이폰의 주소와 통화 목록을 다 지워서 조카딸에게 주었다.

이제 모든 정리가 다 된 것 같다.

집을 둘러보며 눈도장을 찍었다.

1년 동안 살았던 1082호 작은 집이여 안녕!